DER SCIENCE FICTION FILM

von CHRISTIAN HELLMANN

Originalausgabe

WILHELM HEYNE VERLAG
MÜNCHEN

Redaktion: Claudia Walter

Copyright © 1983 by Autor
und Wilhelm Heyne Verlag GmbH & Co. KG, München
Umschlag- und Rückseitenfoto: Dr. Konrad Karkosch, München
Umschlaggestaltung: Atelier Heinrichs & Schütz, München
Printed in Germany 1983
Satz: Fotosatz Völkl, Germering
Druck und Verarbeitung: Ebner Ulm

ISBN 3-453-86054-3

Inhalt

Danksagung

Die Fotos zu diesem Band stammen zu einem Großteil aus der Sammlung des Autors. Gedankt sei folgenden Filmverleihen und Institutionen: ARD, Athos, CIS, Europa, Filmwelt, Hammer Prod., Jugendfilm, MGM, Paramount, RKO, Tobis, Toho, Twentieth Century Fox, UFA, United Artists, Universal, Walt Disney Prod., Warner-Columbia, ZDF.

Dieses Buch ist meinen Eltern gewidmet, als Dank für ständige Anteilnahme und Ermunterung.

Einleitung

Bizarr gestaltete Raumschiffe jagen mit Lichtgeschwindigkeit durch das All. Die jeweiligen Besatzungen bestehen aus heroischen Identifikationsfiguren, die fremde Planeten eher erobern als besuchen. Das Design ist natürlich futuristisch, wobei der Phantasie keine Grenzen gesetzt sind. Die Tonkulisse besteht aus elektronischem Piepsen, Knattern und Zischen.

Dieses Klischeebild ist kennzeichnend für die gängige Auffassung, die heute beim Durchschnittspublikum zum Thema Science-Fiction-Film existiert. Tatsächlich ist die Reise durch den Weltraum aber nur ein Thema aus der breitgefächerten SF-Palette, auf deren wichtigste Themenkreise im folgenden noch kurz eingegangen wird.

Die Wurzeln der Science Fiction sind literarischen Ursprungs. Die Vorläufer dieser Gattung lassen sich sogar bis ins 4. Jahrhundert v. Chr. zurückverfolgen, wenn man Platons »Politeia« (Der Staat) als Utopie mit zur Science Fiction rechnet.

Als die eigentlichen literarischen Klassiker gelten aber der Franzose Jules Verne (1828–1905) und der Brite Herbert George Wells (1866–1946), die mit ihren phantastischen Romanen den Grundstock für nachfolgende Generationen von SF-Autoren legten. Bei ihnen wird die Technik zum bestimmenden Element, wobei sich Wells wie seine frühen utopischen Vorläufer auch gesellschaftlichen Beschreibungen zuwendet. In den Werken dieser beiden, die beginnend mit den Kindertagen des Films Gegenstand zahlreicher filmischer Adaptationen waren, finden sich bereits fast alle Themen der späteren Science Fiction, obwohl diese Genre-Bezeichnung zu Lebzeiten Vernes noch nicht existierte.

Bis zu dem Zeitpunkt, als Hugo Gernsback 1926 in den Vereinigten Staaten mit der Herausgabe seines Magazins »Amazing Stories« begann, war immer nur von phantastischen oder utopischen Romanen die Rede gewesen. Aus dem von Gernsback für den Inhalt seiner Zeitschrift geprägten Begriff »Scientification« entstand schließlich die Gattungsbezeichnung »Science Fiction«, abgekürzt SF. Auf filmischem Sektor gewann dieser Begriff sogar erst nach dem Zweiten Weltkrieg an Popularität und ging in den normalen Sprachgebrauch ein.

Was ist »Science Fiction«? Wo liegen ihre Themen und Abgrenzungen anderen Genres gegenüber?

Wie aus der reinen Übersetzung bereits hervorgeht, spielt die Wissenschaft eine große Rolle. Standen bei der literarischen SF zunächst fast ausschließlich die harten Wissenschaften im Vordergrund, so konnte im Laufe der 50er Jahre die reine naturwissenschaftliche Fixierung durchbrochen werden. Von dem Zeitpunkt an waren auch die sogenannten weichen Wissenschaften wie Psychologie, Soziologie etc., bei denen der Mensch mit seinem Denken, Fühlen und Handeln im Mittelpunkt steht, salonfähig geworden und eröffneten neue Möglichkeiten.

SF-Experte Dr. Herbert W. Franke formulierte folgenden Definitionsversuch:

»Bei Science Fiction handelt es sich um die Schilderung dramatisierter Geschehnisse, die in einer fiktiven, aber prinzipiell möglichen Modellwelt spielen.«

Diese Definition ist richtig und liefert eine Abgrenzung zu den benachbarten Sparten Horror und Fantasy.

Die Vorgänge in SF-Romanen oder -Filmen müssen real erklärbar bleiben. Das Geschehen kann zwar in jede beliebige Zeit (in den meisten Fällen in die Zukunft) und an jeden beliebigen Ort (z.B. andere Planeten) verlagert werden, wichtig ist, daß der Rahmen stimmt. D.h., die Wissenschaft muß entsprechend entwickelt sein, um die geschilderte Handlung mehr oder weniger realistisch erscheinen zu lassen. Daß es sich dabei natürlich oftmals eher um Pseudo-Wissenschaft handelt, fällt dabei nicht weiter ins Gewicht.

Möglich sind auch Erfindungen, die ein Reisen durch die Zeit erlauben. Der Wechsel der Zeitebenen muß nur eben auf (pseudo-)wissenschaftlicher Basis beruhen und darf beispielsweise nicht durch Magie o.ä. erfolgen.

Beim Horror-Genre ist dagegen die Schilderung übernatürlicher Vorgänge erlaubt. Die Handlung ist nicht mehr real erklärbar, sondern eindeutig im Irrationalen angesiedelt. Der Mythos vom Halbmenschen, welcher eine der Grundlagen des Horror-Genres bildet, läßt Kreaturen entstehen, die nach den Naturgesetzen einfach nicht existieren können.

Untote, Vampire, Werwölfe, sie alle entspringen einer Magie, die schon Jahrhunderte alt ist, was bei der Science Fiction undenkbar wäre.

Natürlich treten Grenzfälle auf, für die keine exakte Abgrenzung getroffen werden kann.

Das Monster in *Frankenstein* (Frankenstein, USA 1931) gehört als Halbwesen zwar in den Bereich des Horrors, seine Erschaffung wurde aber nicht durch Magie und dunklen Zauber, sondern durch die Anwendung wissenschaftlicher Praktiken bewirkt. So besehen fällt Frankenstein auch in den SF-Bereich, der in Form von »Androiden« das Motiv des künstlichen Menschens adaptierte.

Ähnlich verhält es sich bei dem Film *King Kong* (King Kong und die weiße Frau, USA 1933).

Der Riesenaffe, der auf einer prähistorischen Insel lebt, kann als Tiermensch bzw. Halbwesen interpretiert werden. Gleichzeitig ist er aber nicht übernatürlichen Ursprungs, und er (was ein Charakteristikum für das Horror-Genre wäre) stellt keine Bedrohung für eine einzelne Person oder eine kleine Gruppe dar, sondern vielmehr für die Millionen Menschen von New York. Diese Gefährdung des ganzen Kollektivs ist typisch für die SF, wobei in den meisten dieser Fälle sogar die gesamte Erde einer Bedrohung ausgesetzt ist. Monster jeglicher Art sind also nicht einzig und allein dem Horror-Genre vorbehalten, sondern finden auch in der Science Fiction ihre Entsprechung. In diesen Zusammenhang fallen noch die Untiere aus den ungezählten japanischen Monster-Streifen, die ihre Erweckung samt und sonders wissenschaftlich erklärbaren Vorgängen wie Atombombenversuchen, ökologischen Fehlentwicklungen oder Naturkatastrophen verdanken.

Eine Abgrenzung zur Fantasy, bei der Barbaren schwertschwingend und Frauen schändend durch die archaischen Lande ziehen, ist ebenfalls gegeben.

Bei den dort geschilderten Zeitaltern handelt es sich nicht um Extrapolationen unserer heutigen Zeit in zukünftige vorstellbare Modelle, sondern um obskure, vorchristliche Welten, die jeder realen Basis entbehren und in denen Magie und Zauberei dominieren. Die Wissenschaft spielt keine Rolle und ist höchstens in Form der Alchimie existent.

Die Science Fiction läßt sich in folgende Themenkreise unterteilen:

- *Utopien oder Anti-Utopien:* Hierbei handelt es sich meist um die Weiterentwicklung heute bereits erkennbarer Problemfelder, so daß entweder das Bild einer idealen Zukunft (Utopie) oder eine erschreckende Vision (Anti-Utopie) entworfen wird.

- *Space Opera:* Reisen durch das All, bei denen irdischer Imperialismus auch noch über die Grenzen unseres Planeten hinaus exportiert wird.
- *Monster und Mutationen:* Kreaturen, die generell durch wissenschaftlich erklärbare Ursachen entstanden sind, häufig die Ergebnisse fehlgeleiteter Experimente oder radioaktiver Strahlung.
- *Invasion:* Außerirdische Wesen (sogenannte »aliens«) bedrohen die Erde.
- *Roboter und Androiden:* Maschinenmenschen bzw. Wesen halb Mensch/halb Maschine treten selten als eigenständige Sujets auf, sondern sind meistens Beiwerk.
- *Zeitreise:* Dank der Erfindung einer Zeitmaschine ergibt sich die Möglichkeit, durch die Zeit zu reisen.
- *Katastrophen:* Naturereignisse (z.B. Erdbeben), wissenschafliche Experimente (z.B. Atombombenversuche) oder kosmische Ereignisse (z.B. Riesenmeteor kreuzt die Bahn der Erde) bringen unseren Planeten oder große Bereiche davon in existenzbedrohende Gefahr.
- *Alternativ- oder Parallelwelten:* Im Unterschied zur Literatur wird im SF-Film dieses Sujet kaum benutzt.
  Durch die Negation historischer Tatsachen entstehen was-wäre-wenn-Welten, die erst durch die veränderte Basis ermöglicht werden (z.B. was wäre, wenn Hitler den Zweiten Weltkrieg gewonnen hätte).

Interessanterweise sind die bevorzugten Themenkreise innerhalb des SF-Kinos diejenigen, welche beim Publikum Ängste hervorrufen oder verschlüsselte Entsprechungen für unterbewußt bestehende Neurosen und Psychosen liefern. So wird die Erde vom All aus überfallen oder durch Katastrophen erschüttert. Monster und Mutationen werden durch eine falsche und bedenkenlose Handhabung der Wissenschaft zum Leben erweckt; und die Zukunft wird in den schwärzesten Farben ausgemalt.

Auf den ersten Blick mutet es erstaunlich an, daß ein Genre, dem der Vorwurf der Realitätsflucht zu Recht gemacht werden kann, sich in seinen Ausblicken derart pessimistisch gebärdet. Aber gerade Menschen mit persönlichen Problemen sehnen sich eine Flucht aus der Alltagsrealität herbei, indem sie zum Konsum noch größeren mediengerechten Unheils neigen. Und das SF-Kino beschäftigt sich nicht mit Arbeitslosigkeit oder ähnlich realitätsnahen Problemen, sondern liefert zwecks Ablenkung die großen kosmischen Katastrophen frei Haus. Die Gefährdung des gesamten Kollektivs läßt die eigene Situation im Kinosessel schnell vergessen, denn was zählen die vergleichsweise kleinen Sorgen und Nöte, wenn die ganze Menschheit in Gefahr ist?

Es geht nicht um kleine demokratische Fortschritte, sondern gleich um Freiheit oder Diktatur für ein ganzes galaktisches Imperium. Zudem sind die Verhältnisse auf der Leinwand durchschaubar oder werden, sollten sie einmal in Unordnung geraten, von beherzten Heroen rasch wieder ins rechte Licht gerückt.

Von diesen Voraussetzungen ausgehend, ist es nicht weiter verwunderlich, daß die Science Fiction gerade in unserer heutigen, von wirtschaftlicher Rezession und internationalen politischen Krisen beherrschten Zeit einen enormen Aufschwung erlebt.

Sowohl bei der literarischen Produktion als auch im Filmbereich wurde ein Ausstoß erreicht, der seinesgleichen sucht. Die Buchverlage konnten entsprechende Programme initiieren oder erweitern; die Filmgesellschaften interessierten sich plötzlich für Drehbücher, die vorher jahrelang in den Schubladen verschwunden waren.

Spätestens mit dem Erfolg von *Star Wars* (Krieg der Sterne, USA 1977) kam der SF-Film groß in Mode und spielte Rekordsummen ein, von denen man Jahre zuvor nur geträumt hatte. Wir erleben allerdings nicht den ersten Boom: Bereits in den 50er Jahren wurden die amerikanischen Kinos von einer wahren SF-Film-Welle überflutet. Damals wie heute entpuppte sich der SF-Film als Seismograph gesellschaftlicher, politischer sowie wirtschaftlicher Krisensituationen. Gerieten Mitte der 70er Jahre die westlichen Wohlstandsgesellschaften in eine Identitätskrise, so dominierte in den 50er Jahren die Angst vor dem Kalten Krieg, der jederzeit heiß zu werden drohte. Das innenpolitische Klima war damals geprägt durch die fanatischen Hexenjagden des Kommunisten-Hassers Joseph McCarthy. Die Filme spiegeln, oftmals eher unbewußt als gewollt, das Klima ihrer jeweiligen Entstehungszeit wider. Sie zeigen Ängste, Neurosen und Paranoia, die nicht offen artikuliert und entsprechend verarbeitet, sondern auf der Leinwand in verschlüsselter Form ausgelebt wurden.

Dieses Buch möchte derartige Zusammenhänge und Tendenzen aufzeigen und seinen Lesern helfen, entsprechende Symbole, Andeutungen und Sujetanhäufungen besser verstehen und entschlüsseln zu können.

Es möchte aber auch gleichzeitig Einblick geben in die Vielfalt und phantastische Faszination eines Genres, welches seine Zuschauer leider allzu oft aus der tristen Alltagsrealität in eine heile, aber illusionistische Traumwelt entführt und selten zu wahrer konstruktiver Kritik fähig ist.

Es ist ein Buch zum Lesen und Nachschlagen, versehen mit reichhaltigem und sorgfältig ausgewähltem Illustrationsmaterial. Denn um dem Wesen des Films gerechtzuwerden, muß man Bilder zeigen.

Noch ein wichtiger Hinweis: Die Geschichte und Entwicklung des Science-Fiction-Films von seinen Anfängen bis heute wird in weitgehend chronologischer Abfolge erzählt; gelegentliche Sprünge lassen sich aus Gründen der inhaltlichen Einteilung in Themenkomplexe nicht vermeiden.

Angegeben ist jeweils in *Schrägschrift* der Originaltitel des Films, in Klammern gesetzt direkt dahinter der deutsche Verleihtitel sowie Entstehungsland und Produktionsjahr.

1. Die Stummfilmzeit

Gegen Ende des vorigen Jahrhunderts trat das Medium Film in die technische Reifephase. Nach zahlreichen Versuchen entwikkelte Edison 1892 sein »Kinetoskop«, ein Wiedergabegerät nach dem Prinzip des Guckkastens.

Drei Jahre später ließen sich die Brüder Lumière ihren »Kinematographen« patentieren, ein Apparat zur Herstellung beweglicher Aufnahmen sowie ihrer Vorführung, der mittels eines Greifers das gleichmäßige Abspulen des Films ermöglichte.

An der ersten öffentlichen Vorführung des Kinematographen nahm ein Mann teil, der sehr schnell die Faszination erkannte, die vom Film als neue Form der Unterhaltung ausging: Georges Méliès. Dieser am 8. Dezember 1861 in Paris geborene Zauberkünstler und Bühnenbildner faßte den Entschluß, ebenfalls Filme zu drehen. Da die Brüder Lumière ihren Apparat aber nicht verkaufen wollten, entwickelte Méliès seine eigene Kamera.

Georges Méliès

Das seit 1888 in seinem Besitz befindliche Theater Robert-Houdin, in dem er selbst als Illusionist aufgetreten war, ließ er 1896 zu einem Kino umfunktionieren.

Die Produktion eigener Filme konnte beginnen. Zuerst wurde im Freien gedreht, wo man aber zu sehr von den äußeren Umständen wie Licht und Wetter abhängig war. Aus diesem Grunde errichtete Méliès kurz darauf in seinem Gemüsegarten in Montreux Frankreichs erstes Filmstudio mit einer fest installierten Einrichtung.

Im Gegensatz zu den Brüdern Lumière, die seit 1895 fast ausschließlich Dokumentarkurzfilme drehten, wollte Méliès als ursprünglicher Theatermann eine Handlung erfinden. Er drehte die ersten Spielfilme, die in der Anfangszeit aber nur eine Laufzeit von jeweils ein bis zwei Minuten vorzuweisen hatten. Dabei arbeitete er als Produzent, Regisseur, Kameramann, Autor, Schauspieler und Bühnenbildner, war also alles in einer Person.

Die ersten burlesken Kurzfilme, die in der Regel innerhalb von zwei Tagen produziert wurden, dokumentieren die Herkunft des Films: Ihre naiv-groteske Unbekümmertheit, die gefilmten Zaubertricks und spaßigen Handlungen erinnern an die Schaubuden des Jahrmarkts, wo in der Tat auch diese Filme gegen geringes Entgelt zur Belustigung der Leute vorgeführt wurden.

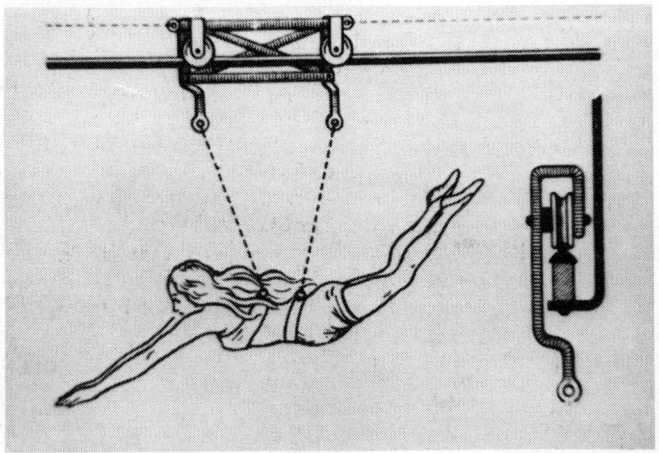

Méliès nutzte alle Möglichkeiten der Bühnenmechanik

›Le Voyage dans la Lune‹ (Frankreich 1902)

Der Film war also von seinen Kindertagen an ein Medium der Illusionen und Trickeffekte. Zuvor nie Gezeigtes konnte im Film mit allerhand Raffinessen realisiert werden. Georges Méliès suchte seine Anregungen auch in der phantastischen Literatur, wobei er sich besonders auf die Werke der literarischen SF-Klassiker Jules Verne und Wells stützte.

So entstand 1902 mit *Le Voyage dans la Lune* (Die Reise zum Mond) nach Motiven der Romane »Von der Erde zum Mond« (Verne) und »Die ersten Menschen im Mond« (Wells) der allererste Science-Fiction-Film, der immerhin schon zwanzig Minuten dauerte und durch den Méliès internationalen Ruhm gewann. Somit zählt dieser französische Zauberer mit der Kamera nicht nur zu den Filmpionieren der ersten Stunde, sondern kann für sich auch das Recht in Anspruch nehmen, als Vater (besser: Großvater) des phantastischen Kinos zu gelten.

Obwohl der Begriff »Science Fiction« zu diesem Zeitpunkt überhaupt noch nicht existierte (er wurde erst 1926 durch Hugo Gernsbacks Magazin »Amazing Stories« initiiert und auf filmischem Sektor sogar erst nach dem Zweiten Weltkrieg allgemein gebräuchlich), wird im folgenden immer schon von SF-Filmen die

›Le Voyage dans la Lune‹, Illustration zum gleichnamigen Verne-Roman

›Le Voyage dans la Lune‹

Rede sein. Auch werden hin und wieder Produktionen erwähnt, die als Grenzfälle oder Angehörige verwandter Genres betrachtet werden müssen, die aber dennoch keinen geringen Einfluß auf die Entwicklung des SF-Kinos ausübten.

Der erste Film, welcher dank seiner Handlung die Bezeichnung »Science Fiction« verdiente, war also *Le Voyage dans la Lune,* der im übrigen wie eine groteske Parodie anmutet: Auf einem internationalen Astronautenkongreß wird eine Fahrt zum Mond beschlossen. Die bärtigen Wissenschaftler wollen sich im Innern eines Projektils mittels einer riesigen Kanone zum Erdtrabanten emporschießen lassen. Das Geschoß – von leichtgeschürzten Showgirls in den Kanonenlauf geschoben – trifft den »Mann im Mond» genau ins Auge.

Nach ihrer geglückten Landung sehen sie die Erde am Himmel aufgehen. Voller Erschöpfung nicken sie ein und werden im Schlaf von neugierigen Sternenmädchen beäugt. Anschließend erleben sie einen Schneesturm und steigen durch einen Vulkankrater hinab in das Innere des Mondes.

Nach heftigen Kämpfen mit den Mondbewohnern, den insektenhaften Seleniten, die einfach zerplatzen, sobald man sie mit

17

dem Regenschirm antippt, kehren die Astronauten zur Erde zurück. Sie lassen ihre Kapsel unter Ausnützung der Erdschwerkraft einfach zurückfallen und landen im Ozean.

Nach ihrer glücklichen Bergung werden sie begeistert aufgenommen.

Durch den Erfolg von *Le Voyage dans la Lune* ermutigt, drehte Méliès noch zahlreiche weitere Filme mit phantastischen Handlungselementen.

In *Le Voyage à Travers l'Impossible* (Die Reise durch das Unmögliche, F. 1904) vertrauen sich die Mitglieder der »Gesellschaft für inkohärente Geographie« einem Zug an, der mit rasender Geschwindigkeit durch die Luft fliegt, sie u.a. bis zur Sonne führt, dann auf den Meeresgrund und zum Schluß wieder aufs sichere Land.

In *Les Quatre Cents Farces du Diable* (Die 400 Streiche des Teufels, F. 1906) wird ein Wissenschaftler vom Teufel dazu verführt, mit einer Sternenkutsche, die von einem mechanischen Pferd gezogen wird, durchs All zu reisen.

Méliès' Filme waren für die Anfangszeit des Films verblüffend trickreich.

Teilweise durch Zufall entdeckte er zahlreiche Filmtricks, so beispielsweise die Möglichkeit der Doppelbelichtung, das sogenannte stop-motion-Verfahren (Einzelbildaufnahme) oder den »Kasch« (eine Hälfte des Films wird abgedeckt und erst später belichtet, so sind Doppelgängeraufnahmen möglich).

Daß Georges Méliès ursprünglich von der Bühne kam, ist seinen Filmen deutlich anzumerken. Er nutzte alle Möglichkeiten der Theatermechanik. An unsichtbaren Drähten ließ er Menschen und Gegenstände über die Bühne schweben. Die Kamera ersetzte für Méliès das Publikum.

Es gab noch keinen Schnitt, die Filme bestanden vielmehr aus einzelnen, direkt hintereinander gedrehten Akten wie bei einer Schauspielaufführung, für die jeweils Bühnendekorationen und bemalte Hintergründe verwendet wurden. Um eine scheinbare Bewegung vorzutäuschen, wurden diese an den Schauspielern vorbeigezogen.

Immer wieder ging es bei Méliès' phantastischen Filmen um das Motiv der Reise, so auch in *20 000 Lieues sous les Mers* (20 000 Meilen unter dem Meer, F. 1907), einer Verfilmung des gleichnamigen Romans von Jules Verne.

›Le Voyage dans la Lune‹

Schon zum Ende seiner Karriere hin drehte Méliès 1912 den Film *A la Conquète du Pôle* (Die Eroberung des Pols), der rund 40 Minuten dauerte.

Eine Forschungsexpedition begibt sich mit einem vogelähnlichen Flugfahrzeug zum Nordpol, wo sie die französische Flagge hißt. Dort kommt es zu einem der ersten Schockmomente des noch jungen phantastischen Films: Ein unvermutet auftauchender Schneeriese muß mit Kanonen bekämpft werden. Méliès ließ dieses »Ungeheuer« in Originalgröße aus Holz bauen und im Film mittels Scharnieren und Seilen bewegen – eine beachtliche und aufwendige Leistung.

Trotz dieses letzten herausragenden Werks konnte Méliès seine Filme immer schlechter verkaufen. Obwohl seine Produktionen in ihrer Mischung aus phantastischen Elementen, Slapsticks und bürgerlicher Erotik genau dem Zeitgeist entsprachen und einem Jahrmarktspublikum kurzweilige Unterhaltung versprachen, mußte Méliès 1914 seinen Bankrott erklären. Diese Tatsache läßt sich vermutlich durch amerikanische Konkurrenz sowie Distributionsprobleme erklären. Méliès verlor sein gesamtes Vermögen

19

Der Schneeriese aus ›A la Conquête du Pole‹ (Frankreich 1914)

und starb 1938 völlig verarmt und vergessen in einem Altersheim in Orly. Ein Großteil seiner rund 500 produzierten Filme, die bis heute nichts von ihrem Zauber verloren haben, gilt als verschollen.

Nachdem Méliès die für den phantastischen Film typischen Motive wie Reise und Geschwindigkeit und sogar die Vorläufer der sogenannten »bug-eyed-monster« eingeführt hatte, tauchte bald auch der erste »mad scientist« (der diabolische Wissenschaftler, der mit seiner Arbeit die Menschheit gefährdet) auf der Leinwand auf.

Zum ersten Mal in der amerikanischen Verfilmung von Mary W. Shelleys *Frankenstein* (Regie: J. Searle Dawley, 1910) und 1914 in Abel Gances *La Folie du Docteur Tube* (Der Wahnsinn des Dr. Tube), wo ein Wissenschaftler durch ein Strahlenexperiment wahnsinnig wird und die Menschen mit Hypnose unterjochen will.

1914 nahmen sich in Deutschland Paul Wegener und Henrik Galeen dem Thema des künstlichen Menschen an. Ihr Film *Der Golem* geht auf altes jüdisches Sagengut zurück. Der Golem ist eine Lehmstatue, die bei Bauarbeiten wiederentdeckt wird. Ein

20

Der Schneeriese aus ›A la Conquête du Pole‹

alter Antiquitätenhändler ruft ihn durch eine Zauberformel ins Leben zurück und befiehlt ihm, seine Tochter zu beschützen. Doch der Golem verliebt sich in das Mädchen. Als er von ihr zurückgewiesen wird, verfällt er dem Wahnsinn. Er stürzt sich von einem Turm und zerspringt in Scherben.

Es folgten noch mehrere Filme, die sich diesem Thema annahmen (Regie und Darsteller des Golems jeweils Paul Wegener). So entstand 1917 *Der Golem und die Tänzerin* und 1920 *Der Golem, wie er in die Welt kam.*

1916 verwandte der Regisseur Otto Rippert das Golem-Motiv für seine »Homunculus«-Serie. Ein in der Retorte erzeugtes Wesen entwindet sich seinem Meister und schwingt sich zum Diktator auf, der das Volk terrorisiert. Der Homunculus entfacht sogar einen Weltkrieg, bis er durch einen Blitzschlag getötet wird.

Ebenfalls 1916 wurde mit *20 000 Leagues under the Sea* (20 000 Meilen unter dem Meer) unter der Regie von Stuart Paton der Roman von Jules Verne um das Unterseeboot »Nautilus« noch einmal verfilmt. Dank der von J. Ernest und George Williamson entwickelten Unterwasserkammer waren bereits Unterwasseraufnahmen möglich.

1918 fand in dem weithin unbekannten dänischen Film *Himmelskibet* (Das Himmelsschiff) bereits die erste Reise zum Mars statt. Eine Expedition landet mit dem hermetisch abgeschlossenen und propellergetriebenen Luftschiff »Excelsior« auf unserem Nachbarplaneten, wo sie eine pazifistische Rasse antreffen, der jede Form von Gewalttätigkeit fremd ist. Um den irdischen Fortschritt zu demonstrieren, wird ein Vogel geschossen. »›Zwietracht und Leid!‹ ruft leidvoll der Mars-Chefastronom aus und verurteilt den Sünder zur Selbstprüfung im Tempel der Meditation. Geheilt kehrt der Raumflieger dann mit der Tochter des Chefsternkundigen nach Kopenhagen zurück: ›So ist die Blüte einer höheren Kultur auf die Erde versetzt, auf daß Frieden und Liebe wachsen und hinfort als Höchstes herrschen mögen ...‹« (Dennis Gifford).

Dieser Film mit seiner humanistischen Aussage war während des noch tobenden Ersten Weltkrieges als Appell für den Frieden gedacht, der leider ungehört verhallte. Regie führte Holger Madsen.

In der damaligen Zeit gehörte Deutschland auf dem Gebiet des phantastischen Films zu den führenden Nationen. Es bildete sich

›20.000 Leagues under the Sea‹ (USA 1916)

›Himmelskibet‹ (Das Himmelsschiff, Dänemark 1918)

›Himmelskibet‹ (Das Himmelsschiff)

eine expressionistische Stilrichtung heraus, die in *Das Kabinett des Dr. Caligari* (1919) ihren ersten vollendeten Ausdruck fand.

Der grauenerregende Schlafwandler Cesare (Conrad Veidt)

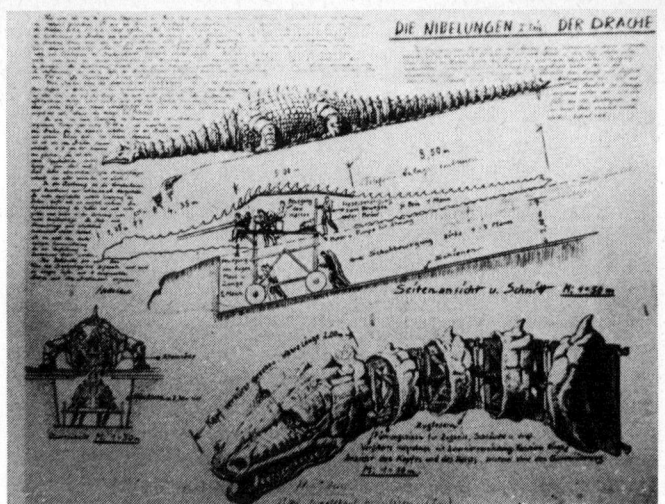

Konstruktionszeichnung des Drachen aus ›Siegfrieds Tod‹ (Deutschland 1924)

bringt im Auftrag des abscheulich bösen Dr. Caligari (Werner Krauß) Menschen um, bis er sich in die wunderschöne Jane Olsen (Lil Dagover) verliebt. Mit ihr flieht er vor der wütenden Menge über die Dächer, bevor er vor Erschöpfung stirbt. Berühmt wurde der Film durch die expressionistische Architektur von Walther Reimann und Hermann Warm. Das verwinkelte und perspektivisch verzerrte Dekor sowie die Photographie von Willy Hameister lassen eine unwirkliche dämonische Stimmung entstehen.

Vergleicht man die phantastischen Stummfilme, die in Deutschland entstanden, mit den unbekümmert-naiven und grotesk-fröhlichen Streifen von Georges Méliès, fällt einem die immer wieder beschworene unheimliche und gedrückte Stimmung ins Auge, die wohl als unbewußte Vorahnung der kommenden faschistischen Schreckensherrschaft gedeutet werden kann.

Der deutsche Regisseur Fritz Lang, der sich mit Filmen wie *Der müde Tod* (1921) und *Dr. Mabuse, der Spieler* (1922) auch international bereits einen Namen gemacht hatte, inszenierte 1923 mit *Siegfrieds Tod* und 1924 mit *Kriemhilds Rache* die Nibelungen-Sage in zwei Teilen. Besonders interessant ist der erste Teil, der aus-

›Die Nibelungen, 1. Teil: Siegfrieds Tod‹ (Deutschland 1924)

schließlich im Studio gedreht wurde. In einer für die damalige Zeit begeisternden Tricksequenz wird Siegfrieds legendärer Kampf mit dem Drachen vorgeführt. Um eine nahezu perfekte Illusion zu erreichen, ließ Fritz Lang einen rund zwanzig Meter langen Drachen bauen, der im Film später sehr echt wirkte und dessen Kopf und Hals durch Menschen im Innern mit Hebeln bewegt werden konnten. Das Drachenmodell lief über einem Schienengraben, so daß es hin- und hergeschoben werden konnte.

Die Nibelungen-Sage von Lang war damals ein großer Erfolg, weil sie das Ariertum betonte und zudem das »Völkische« bereits zu diesem Zeitpunkt hoch im Kurs stand.

Nachdem der sowjetische Regisseur Jakow Protasanow *Caligari* in Paris gesehen hatte und aus dem Exil in seine Heimat zurückgekehrt war, schuf er 1924 seinen berühmten utopischen Film *Aelita* nach dem gleichnamigen Roman von Alexej Tolstoi. Der Film lief im deutschsprachigen Raum unter dem Titel »Der Flug zum Mars« und erzählt von einem Moskauer Ingenieur, der mit zwei anderen Sowjetbürgern zum Mars fliegt und dort eine proletarische Revolution auslöst. Außerdem verliebt er sich in die

25

›Aelita‹ (Aelita/Der Flug zum Mars, UdSSR 1924)

Marskönigin Aelita, bis sich zum Schluß alles als ein Traum herausstellt.

Aelita, handlungsmäßig eher ein naives Propagandastück, ist aber auch heute noch erinnerungswürdig wegen der phantasievollen kubistischen Dekorationen und Kostüme.

›The Lost World‹ (Die verlorene Welt, USA 1925)

1925 wurde Sir Arthur Conan Doyles Roman »The Lost World« unter dem gleichen Titel verfilmt (Die verlorene Welt, Regie: Harry Hoyt). Der Zoologieprofessor George Edward Challenger führt dort eine Expedition tief im südamerikanischen Dschungel zu einem unbekannten Hochplateau, auf dem sich noch prähistorische Zustände erhalten haben. Sie treffen auf Saurier und andere seit Jahrmillionen ausgestorben geglaubte Kreaturen. Als ein Vulkanausbruch (in einer übrigens rot eingefärbten Szene) die Hochebene vernichtet, können die Expeditionsmitglieder zwar entkommen, alle Spuren ihrer sensationellen Entdeckung werden aber mit einer Lavaschicht überdeckt. Einen noch lebenden Brontosaurier, der bei einem Kampf das Hochplateau hinuntergestürzt war, nehmen sie als Beweis mit nach London. Doch das urzeitliche Ungeheuer kann sich befreien und beginnt einen vernichtenden Amoklauf durch die Straßen der Hauptstadt, wobei es alles niedertrampelt, was sich ihm in den Weg stellt. Auf der London Bridge angelangt, stürzt er sich in Wasser und entkommt ins offene Meer.

Um die Saurier realistisch auf der Leinwand erscheinen zu lassen, konnte der legendäre Trickspezialist Willis H. O'Brien zum ersten Male seine überragende Modellanimation vorführen. Insgesamt fanden rund 50 verschiedene Trickfiguren Verwendung, die allesamt von Marcel Delgado, einem jungen Mexikaner, angefertigt worden waren. Mittels Stop-Motion-Verfahren (bei jedem Bild wird die Stellung des Sauriermodells ein wenig verändert, so daß später im Film der Eindruck einer fortlaufenden Bewegung entsteht) wurden die Urweltriesen mit Leben erfüllt. O'Brien ließ auch zum ersten Mal animierte Sauriermodelle und Menschen gleichzeitig im Bild auftauchen.

Zurück nach Deutschland: In den Jahren 1925/26 produzierte hier die Universum Film A.G. (UFA) mit einem finanziellen Aufwand von mehreren Millionen Reichsmark *Metropolis*, Fritz Langs Utopie einer Zukunftsstadt des Jahres 2000. In den oberen Bereichen von Metropolis leben die Reichen und Mächtigen in größtem Luxus, unterirdisch hausen die versklavten Arbeitermassen unter unmenschlichen Bedingungen. »Herr über Maschinen und Arbeiter« ist John Fredersen (Alfred Abel), dessen Sohn Freder (Gustav Fröhlich) sich in das Arbeitermädchen Maria (Brigitte Helm) verliebt. Fredersen läßt daraufhin vom teuflischen Wissenschaftler Rotwang (Rudolph Klein-Rogge) einen weiblichen Roboter konstruieren, der Maria bis aufs Haar gleicht und die Arbeiter zum Aufstand anstachelt, in dessen Folge der unterirdische Stadtbereich überflutet wird. Als Freder während der Katastrophe hilft, die Arbeiterkinder vor dem Ertrinken zu bewahren, kommt es zur großen Versöhnung zwischen Arbeit und Kapital, wie sie einfältiger nicht dargestellt werden könnte. Der Roboter wird verbrannt, Maria und Freder heiraten, alle zusammen werden Metropolis wieder aufbauen.

Lang drehte eine Revue gigantischen Ausmaßes. Die Idee hierzu kam ihm bereits 1924, als er während einer Amerika-Reise vom Schiffsdeck aus zum ersten Male die Skyline Manhattans zu Gesicht bekam.

In *Metropolis* wirken insgesamt 36 000 Statisten mit, davon allein 11 000 mit kahlgeschorenen Köpfen für eine einzige Szene, die an den Turmbau von Babel erinnert. In den riesigen Bühnenbildern nehmen die Menschen eine ornamentale Funktion ein und agieren geometrisch exakt in mystisch erhöhten Bildern. Die Herzmaschine entwickelt sich zu einem arbeiterverschlingenden Moloch. Die Zeiger einer anderen Maschine werden zum Martyrium, an das der Arbeiter wie an ein Kreuz gefesselt ist. Maria, der die Geknechteten ihre Arme strahlenförmig entgegenstrecken, ist ebenso wie Freder eine Erlöserfigur, welche Hoffnung auf einen illusionistischen Neuanfang verspricht.

Metropolis war ein Film, der sowohl von Form wie Inhalt den Nationalsozialisten sehr gut ins Konzept paßte (Goebbels war von ihm begeistert), obwohl Lang paradoxerweise erklärter Antifaschist war (er floh nach der Machtergreifung nach Frankreich). Die politischen und auch religiösen Implikationen dürften wohl auf Langs Frau Thea von Harbou zurückzuführen sein, die das Filmdrehbuch nach ihrem eigenen gleichnamigen Roman verfaßte. Sie war von der nationalsozialistischen Ideologie überzeugt und ließ sich nach der Flucht ihres Mannes scheiden. Ihrem Gedankengut dürfte auch die *Metropolis* bestimmende sentimentale Hirn-Hand-Synthese entspringen, bei der das Herz (= Liebe) als

›Metropolis‹ *(Deutschland 1927)*

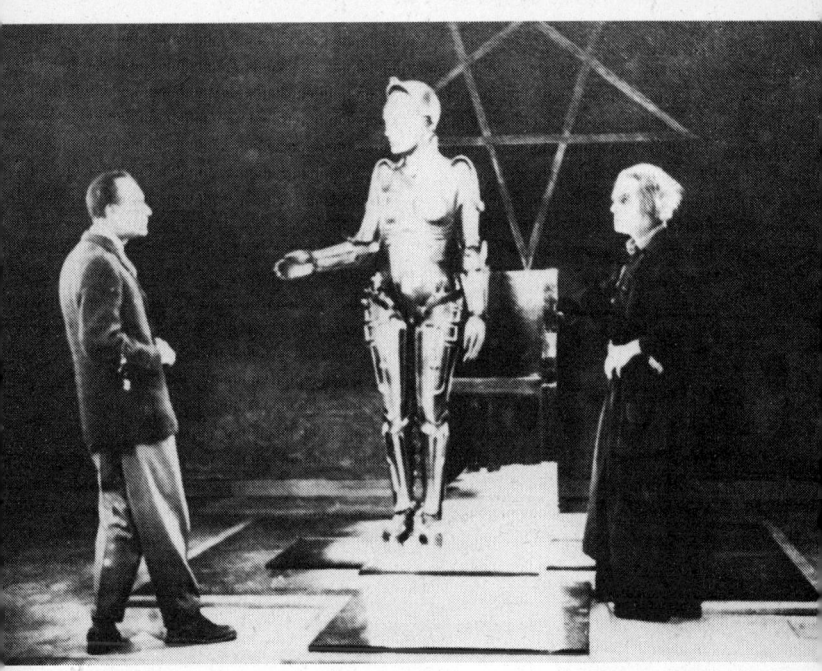

›Metropolis‹

alleiniger Mittler zwischen Hirn (= Kapital) und Hand (= Prole-
tariat) fungiert und so alle sozialen Gegensätze überwinden hilft.
Diese Verwischung von Klassenunterschieden wurde später von
den Faschisten meisterhaft betrieben.

Auch Fritz Lang selbst, Jahre später auf *Metropolis* angesprochen, distanzierte sich von der Aussage des Films: »Man kann keinen sozialkritischen Film machen, dessen Aussage ist, der Mittler
zwischen Hand und Hirn sei das Herz – das ist meiner Meinung
nach ein Märchen.« Und vorher: »Der Grundgedanke stammte
zwar von Frau von Harbou, aber ich bin mindestens zu 50 Prozent
dafür verantwortlich, weil ich ihn realisierte. Ich war damals noch
nicht so politisch bewußt wie heute.«

Viele Themen des späteren phantastischen Films finden sich in
Metropolis vereint:

›Metropolis‹

- Futuropolis, die gigantische Zukunftsstadt,
- die Erschaffung eines Maschinenwesens,
- der »mad scientist« (der verrückte, aber gefährliche Wissenschaftler),
- die alles vernichtende Katastrophe.

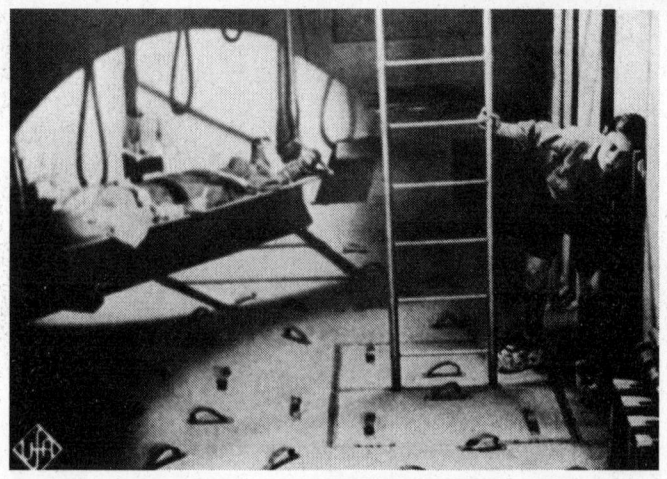

›Die Frau im Mond‹ (Deutschland 1929)

Zum ersten Male Anwendung fand auch die nach ihrem Erfinder benannte Schüfftan-Technik, bei der miniaturisierte Kulissen mit realen Schauspielern kombiniert werden. *Metropolis* konnte seine ungeheuren Produktionskosten allerdings nicht wieder einspielen und brachte die UFA endgültig an den Rand des finanziellen Ruins. Die Aktienmehrheit des Unternehmens wurde an den Deutschnationalen Konzerneigner Alfred Hugenberg verkauft, unter dem sich lautlos der Übergang zum Nazi-Film vollzog.

Fritz Lang (1890 − 1976) drehte für die UFA noch einen weiteren Science-Fiction-Film, der mit 150 Minuten, ebenso wie *Metropolis* (204 Minuten), eine überdurchschnittliche Länge aufzuweisen hatte. So entstand 1929 wiederum nach einem Roman seiner Frau Thea von Harbou *Frau im Mond*, in dem er die Deutschen ihren Großmachtsträumen entsprechend auf dem Mond landen läßt.

Dank der technischen Beratung des Raketenexperten Hermann Oberths bemüht sich der Film um wissenschaftliche Genauigkeit. So wird beispielsweise die Schwerelosigkeit im Raum vorgeführt, wenn auch die Astronauten auf dem Mond schließlich in Alltagskleidung ohne Atemgeräte herumlaufen. Es spielten Willy Fritsch, Gerda Maurus und Fritz Rasp. *Frau im Mond* fiel in eine

Zeit, die von einer umwälzenden technischen Neuerung auf filmischem Sektor geprägt wurde: Ende der 20er/Anfang der 30er Jahre setzte sich der Tonfilm auf breiter Basis durch; die Stummfilmzeit ging ihrem Ende entgegen.

Waren bisher neben der Komposition der Begleitmusik, die jeweils während der Vorführung von einem Pianisten oder gar einem ganzen Orchester vorgetragen wurde, lediglich die Zwischentitel zu entwerfen gewesen, so mußten nun auch Dialoge über die gesamte Filmlänge hinweg geschrieben werden. Musiker wurden arbeitslos; Drehbuchautoren wurden durch Mehrarbeit belastet.

Rückblickend betrachtet waren bereits in der Stummfilmzeit alle gängigen Motive des Science-Fiction-Kinos vertreten. Lediglich die Invasion, die Bedrohung aus dem All, die uns in den 50er Jahren des Kalten Krieges noch so oft vorgeführt werden sollte, hat im Stummfilm keine Entsprechung.

›Die Frau im Mond‹ (Deutschland 1929)

2. Die Anfänge des Tonfilms – goldene Ära des amerikanischen Horror-Kinos

Wirklich stumm war der Film niemals gewesen. Immer schon existierte eine Musikbegleitung, und schon lange vor der endgültigen Durchsetzung hatte es Versuche mit synchronem Ton gegeben.

Wirtschaftliche Schwierigkeiten veranlaßten die Filmgesellschaften, diese technische Neuerung auf breiter Front einzuführen. 1928 kam mit *Lights of New York* der erste Spielfilm mit Dialog auf der ganzen Länge heraus. Ein Jahr zuvor war *The Jazz Singer* (Der Jazz-Sänger, USA 1927) mit dem Gesang von Al Jolson und zwei Dialogzeilen zum ersten erfolgreichen Tonfilm der Filmgeschichte geworden.

Die Ära des Tonfilms hatte begonnen. Nur wenige Jahre waren vonnöten, diese Umwälzung vollkommen zu etablieren.

Klagten die Kinos in wirtschaftlichen und politischen Ruhezeiten in der Regel über sinkende Besucherzahlen, so brauchten sie Ende der 20er Jahre in dieser Beziehung nichts zu befürchten. Denn der anfängliche Konjunkturaufschwung nach dem Ersten Weltkrieg dauerte nicht lange an. 1929 kam es zur Weltwirtschaftskrise, ausgelöst durch die Folgen des Weltkrieges und die übermäßig hohen Reparationszahlungen des besiegten Deutschlands.

Die aus dem Zusammenbruch der Wirtschaft resultierende Massenarbeitslosigkeit und weitgehende Verelendung breiter Bevölkerungsschichten ließ die Menschen in phantastischen Kino-Träumen Zuflucht suchen. So begann also nicht ganz zufällig nach dem großen Börsenkrach von 1929 in den nachfolgenden Jahren der Depression die »goldene Ära« des amerikanischen Horror-Kinos, die der Angst und Unsicherheit der damaligen Zeit entsprachen.

Zu diesem Zeitpunkt erhielten viele klassische Horrorgestalten ihre denkwürdigsten Verfilmungen, beispielsweise 1931 *Dracula* von Tod Browning mit Bela Lugosi in der Hauptrolle oder *The Mummy* (Die Mumie, USA 1932) von Karl Freund mit Boris Karloff als mumifizierter Im-ho-tep. Vorher kamen aber auch noch einige Science-Fiction-Filme heraus, wie *High Treason* (GB 1929), ein pazifistisches Drama, das für 1940 einen drohenden Konflikt zwischen zwei fiktiven Großmächten, den Vereinigten Atlantikstaaten und der Europäischen Föderation, prophezeite. Regie führte Maurice Elvey.

1930 entstand in den USA unter der Regie von David Butler mit *Just Imagine* das erste SF-Musical.

Der Film erzählte drei Geschichten, aus der Vergangenheit (1880), der Gegenwart (1930) und der Zukunft (1980), wobei letztere hauptsächlich wegen der aufwendigen Dekorationen und Modelle, die eine runde Viertelmillion Dollar kosteten, die interessanteste ist. Im New York der Zukunft tragen die Menschen Nummern, essen Nahrungspillen und fliegen mit Flugzeugen umher. Erzählt wird eine romantische Liebesgeschichte, in der ein junger Mann für seine Geliebte sogar bis zum Mars fliegt.

Ein Zentralmotiv des zeitgenössischen phantastischen Films war der sogenannte »mad scientist« (verrückte Wissenschaftler), der die Grenzen zwischen SF- und Horror-Film fließend werden ließ. Dargestellt wurde er als skrupelloser und nur auf sein Ziel fixierter Forschergeist, der sich entweder an den Gesetzen der Schöpfung verging oder gar die Menschheit unterjochen wollte und für sein Vorhaben am Ende des Films jeweils symbolträchtig bestraft wurde.

Der »mad scientist« war in versteckten oder unzugänglichen Labors zuhause, die eher an finstere Alchimistenhöhlen als an moderne Forschungsstätten erinnern. In der Regel wurde er zum Ende des Films durch seine eigenen Erfindungen oder Geschöpfe vernichtet.

Dieser Figurentypus, fernab aller moralischen Verantwortlichkeit, war zum einen als Feindprojektion angelegt, zum anderen aber auch als Verkörperung der unterdrückten Triebe und Leidenschaften des Publikums, welches sich stellvertretend für den »mad scientist« auf der Leinwand für seine versteckten Wünsche in selbstzerstörerischer Lust bestraft sah.

Die Universal wurde zum federführenden Studio auf dem Sektor des Horror-Films in den USA.

1931 brachte sie *Frankenstein* (Frankenstein) nach dem gleichnamigen Roman von Mary W. Shelley heraus, in dem ein deutscher Wissenschaftler die Grenzen zwischen Gott und dem menschlichen Forschungstrieb verkennt. Aus Leichenteilen erschafft er einen künstlichen Menschen, der sich später gegen ihn selbst wendet.

In der Fortsetzung *The Bride of Frankenstein* (Frankensteins Braut, USA 1935, Regie beider Filme: James Whale) wird sogar noch eine Frau für das Monster erschaffen, bei deren Verkörperung die Schauspielerin Elsa Lanchester (die im Prolog des Films gleichzeitig noch die Autorin Mary W. Shelley darstellte) eine unwiederbringliche Ästhetik erreichte.

In beiden Filmen wurde Frankenstein von Colin Clive und das Monster von Boris Karloff verkörpert. Für das bereits legendäre Monster-Make-up sorgte Jack Pierce.

1931 drehte Rouben Mamoulian im Auftrag der Universal-Konkurrenz Paramount mit *Dr. Jekyll and Mr. Hyde* (Dr. Jekyll und Mr. Hyde) eine der besten Verfilmungen dieses Themas nach einer Novelle von Robert Louis Stevenson. Der puritanische Wissenschaftler Dr. Jekyll (Fredric March) verwandelt sich durch eine bewußtseinsverändernde Droge in den triebbeherrschten Mr. Hyde, der bezeichnenderweise äußerlich eher einem Monster ähnelt. Faszinierend sind bei diesem psychologisierenden Streifen vor allem die durch photographische Überblendung technisch überzeugenden Verwandlungsszenen.

In *The Mask of Fu Manchu* von Charles J. Brabin und Charles Vidor kam der schon aus Stummfilmzeiten bekannte asiatische Schurke 1932 wieder auf die Leinwand. Diesmal wurde der Finsterling aus Sax Rohmers Romanen von Boris Karloff dargestellt.

Dr. Fu Manchu will mittels Schwert und Maske des Dschingis Khan die asiatischen Horden vereinen und die weiße Rasse ausrotten, scheitert aber letztendlich dank der Bemühungen eines (natürlich weißen) Polizeibeamten von Scotland Yard, der an den Typus der britischen Kolonialbeamten im Fernen Osten erinnert. Ausgesprochen sadistisch für die damalige Zeit waren die ausgiebig dargestellten Foltermethoden.

Im gleichen Jahr wurde mit *Island of the Lost Souls* (Die Insel der verlorenen Seelen, USA 1932) unter der Regie von Erle C. Kenton wieder einmal ein Stoff von H.G. Wells verfilmt (»Die Insel des Dr. Moreau«).

Ein Wissenschaftler nimmt auf einer einsamen Pazifikinsel Kreuzungen zwischen Mensch und Tier vor. Aus einer Pantherfrau und einem gestrandeten amerikanischen Schiffbrüchigen will er seinen lange ersehnten »Übermenschen« erschaffen. Vor der

›Just Imagine‹ (USA 1930)

Verwirklichung dieses Planes erheben sich aber seine eigenen Kreaturen gegen ihn und nehmen blutige Rache.

Der Film mit Charles Laughton in der Hauptrolle des Dr. Mo-

›Island of Lost Souls‹ (Insel der verlorenen Seelen, USA 1932) mit Charles Laughton

reau wurde ebenso wie Tod Brownings *Freaks* (USA 1932) von der Zensur verboten und aus dem Verkehr gezogen.

Mit *The Invisible Man* (Der Unsichtbare, USA 1933), in dem der Wissenschaftler Dr. Jack Griffin (Claude Rains) durch Experimente mit einer indischen Droge unsichtbar und zur tödlichen Bedrohung wird, verfilmte James Whale ebenfalls eine gleichnamige Vorlage von H.G. Wells.

Mit *Deluge* von Felix E. Feist kam 1933 ein früher Katastrophenfilm auf die Leinwand. Gleich zu Beginn wird New York von einer riesigen Flutwelle überschwemmt; anschließend verliert sich der Film in einer banalen Liebesgeschichte.

Nachdem Ernest B. Schoedsack 1932 zusammen mit Irving Pichel *The Most Dangerous Game* (Graf Zaroff – Genie des Bösen) gedreht hatte, in dem Menschen als Jagdwild fungierten, brachte er ein Jahr später zusammen mit Merian C. Cooper *King Kong* (King Kong und die weiße Frau, USA 1933) heraus. Cooper war Assistent bei RKO Radio Pictures und hatte die Idee zu dieser abenteuerlichen Story, an deren Ausarbeitung auch der Krimiautor Edgar Wallace beteiligt war und deren Erfolg die RKO vermutlich vor einem drohenden Bankrott bewahrte.

›The Invisible Man‹ (Der Unsichtbare, USA 1933) – rechts: Claude Rains

›Deluge‹ (USA 1933)

›King Kong‹ (King Kong und die weiße Frau, USA 1933)

King Kong – das »achte Weltwunder« – ist ein haushohes Affen-
monster, daß von einem Filmteam auf einer Südseeinsel entdeckt
wird, die ebenfalls noch von prähistorischen Untieren bewohnt

›King Kong‹ (King Kong und die weiße Frau)

wird. Kong verliebt sich in die Schauspielerin Ann Darrow (Fay Wray) und entführt sie. Nach der geglückten Befreiung wird Kong gewaltsam nach New York verschleppt. Dort soll er zur Schau gestellt werden, kann aber seine Ketten sprengen und auf das Empire State Building klettern, um in einer spektakulären Schlußszene von Doppeldeckern endgültig vernichtet zu werden. Tödlich getroffen stürzt er in die Tiefe.

King Kong ist ein sehr erotischer Film voll Freudscher Symbolik, der sowohl in politischer, rassistischer als auch sexueller Hinsicht interpretiert werden kann. Der ungeheuer starke und potente Riesenaffe steht in den Augen des weißen amerikanischen Publikums als Metapher für den sogenannten »Nigger«. Seiner Heimat gewaltsam entrissen, um im Zentrum der weißen Kultur geschäftsträchtig ausgebeutet zu werden, wird er zur sexuellen Bedrohung für die weiße Frau (was einem tatsächlich existierenden Vergewaltigungstrauma weißer amerikanischer Frauen entspricht und im deutschen Verleihtitel auch entsprechend gewürdigt wird). Kong verliebt sich in die hübsche Ann Darrow, entkleidet sie sogar in einer Szene (welche in der heute zugänglichen Schnittfassung fehlt) und klettert mit ihr auf das größte Phallussymbol in

New York. Dort erliegt er dann einer letztendlich doch übermächtigen Zivilisation. Hier manifestiert sich auch das neue Selbstbewußtsein eines Amerika, welches durch den »New Deal« seines Präsidenten Franklin D. Roosevelt zu neuer wirtschaftlicher Kraft erstarkte.

Großen Anteil an der realistischen Aufbereitung der Handlung hatte der Animationsexperte Willis H. O'Brien, der zuvor bei RKO mit einem nie zu Ende geführten Saurier-Projekt beschäftigt war.

Die Modelle von Kong und verschiedenen im Film vorkommenden Sauriern wurden nicht als fortlaufender Film, sondern als einzelne Bilder aufgenommen. Bei jedem Bild wurden Arme, Beine oder Körperhaltung der Modelle ein klein wenig verändert, so daß später bei 24 Bildern in der Sekunde (der normalen Laufgeschwindigkeit eines Filmes) die Illusion einer durchgängigen Bewegung entstand.

King Kong bildet ein Musterbeispiel für diese, als »stop-motion« bezeichnete Technik, mit der aufregende Effekte erzielt werden konnten. Unter Einsatz der sogenannten Rückprojektion (Menschen agieren vor einem bereits zuvor gefilmten Hintergrund) wurden reale Schauspieler ins Bild eingeblendet.

Der deutsche Film sank unter den Nationalsozialisten langsam zur Bedeutungslosigkeit ab; die besten Regisseure emigrierten ins Ausland. So sind für diesen Zeitraum auch nur drei phantastische Filme zu erwähnen.

Bei *F.P.1 antwortet nicht* (1933) von Karl Hartl mit Hans Albers in der Hauptrolle geht es um eine riesige im Atlantik schwimmende Stahlinsel für Überseeflüge.

Ein Jahr später drehte Hartl *Gold* (1934), in dem mittels einer riesigen Maschine der alte Alchimistentraum vom künstlich erschaffenen Gold realisiert werden soll.

Sowohl im deutschen Film *Der Tunnel* (1933) von Kurt Bernhardt wie im englischen *The Tunnel* (1934) von Maurice Elvey geht es um den Bau eines Transatlantik-Tunnels, der Europa mit Amerika verbinden soll.

1936 kam aus Großbritannien mit *Things to Come* von William Cameron Menzies eine großangelegte Zukunftsvision, zu der H.G. Wells selbst das Drehbuch nach seinem prophetischen Roman »The Shape of Things to Come« verfaßte. Die Bewohner der fiktiven Stadt Everytown (im Film unschwer als London zu identifizieren) kümmern sich kaum um die beunruhigenden Nachrichten, die vor einem bevorstehenden Krieg warnen, der dann Weihnachten 1940 tatsächlich ausbricht. Vor allem wegen dieser Warnung vor einem in naher Zukunft zu erwartenden Krieg stieß *Things to Come* damals beim Publikum auf große Resonanz.

Im Verlauf des 26 Jahre währenden, unerbittlich geführten, Giftgaskrieges wird Everytown, sowie nahezu die gesamte menschliche Zivilisation, völlig zerstört. Unter den Überlebenden wütet eine geheimnisvolle Krankheit, das »Wandernde Übel«. Die Menschen rotten sich in barbarisch anmutenden Horden zusammen und wählen einen Diktator zu ihrem Führer. Dieser will, nachdem das »Wandernde Übel« ausgemerzt ist, den Zustand des Krieges wieder aufleben lassen und plant, benachbarte Stämme anzugreifen.

›King Kong‹ (King Kong und die weiße Frau)

›Things to Come‹ (GB 1936)

Es existiert aber eine Vereinigung von idealistischen Wissenschaftlern, welche sich selbst »Wings over the World« nennt, die Technik und Zivilisation zum Wohle der Menschheit bewahren wollen. Mittels ihrer Flugmaschinen werfen sie ein lediglich betäubendes »Friedensgas« über Everytown ab und setzen ihre Prinzipien durch.

Nach einem weiteren Zeitsprung ist im Jahre 2036 aus Everytown eine automatisierte Zukunftsstadt geworden. Die archaische Welt ist längst vergessen, aber die Gegner der Technik leben noch. Unter Führung eines Bildhauers wollen sie den ersten Weltraumflug verhindern. Im letzten Augenblick kann die Raumkanone außerhalb der Stadt abgefeuert werden, so daß es für die erste Mondfahrt kein Zurück mehr gibt. Der Film endet mit den Sätzen: »Was wird die Zukunft uns bringen? – Das ganze Universum oder nichts!«

Things to Come wird durch ein positives Wissenschaftsbild und blindes Vertrauen in den technischen Fortschritt gekennzeichnet. Die beeindruckenden futuristischen Dekorationen wurden größtenteils von dem ursprünglichen Filmausstatter Menzies selbst entworfen. Die Hauptrollen in diesem allzu schulmeisterlichen

›Things to Come‹; von links: Raymond Massey, Ralph Richardson, Margaretta Scott

›Things to Come‹

Lehrstück spielen Raymond Massey, Edward Chapman und Ralph Richardson.

Ebenfalls 1936 traten die Horror-Stars Boris Karloff und Bela

näher eine reale Kriegsgefahr rückte, desto beharrlicher wurde dieses Thema ausgeklammert.

Ab 1940 wandte man sich märchenhaft anmutenden Geschichten zu, die das einfache naive Unterhaltungsbedürfnis des Publikums befriedigen sollten.

Ein gutes Beispiel hierfür ist der aufwendig inszenierte *The Thief of Bagdad* (Der Dieb von Bagdad, GB 1940), der von Alexander Korda in England produziert wurde. Regie führte Ludwig Berger. Diese Geschichte aus 1001 Nacht um den jungen und listigen Dieb Abu war bereits 1924 einmal als Stummfilm mit Douglas Fairbanks in der Hauptrolle verfilmt worden. Die Farbfilmfassung mit Sabu (als Dieb) ergeht sich in fröhlicher Fabulierfreude: Da gibt es fliegende Teppiche und Spielzeugpferde, riesenhafte Dschinnis, geheimnisvolle Tempel, sechsarmige Derwische und vieles mehr. Der böse Jaffar (gespielt vom aus Deutschland emigrierten Conrad Veidt) als Herrscher über die Naturgewalten will die Prinzessin heiraten, doch zum Schluß gibt es ein Happy End, und die wunderschöne Prinzessin kann ihrem Ahmad (John Justin) in die Arme sinken.

Als unbedarfte Unterhaltung »für die ganze Familie« war der Film entsprechend erfolgreich.

›Lost Horizon‹ (In Fesseln von Shangri La, USA 1937)

›The Invisible Ray‹ (USA 1936)

Lugosi in *The Invisible Ray* (Tödliche Strahlen, USA 1936) auf,
    Die Zeit der großangelegten Zukunftsvisionen war vorerst vor-
über. Hatte *Things to Come* noch einen baldigen Krieg prophe-
zeit, wirkte *Lost Horizon* (In den Fesseln von Shangri-La, USA
1937) von Frank Capra eher wie ein Märchenfilm über eine unbekannte, friedliebende Kultur im asiatischen Hochgebirge, was der
Romanvorlage von James Hilton voll und ganz entsprach. Um so
einem Film, der sich der Bedrohung durch Radioaktivität auf po-
puläre Weise annahm.
    Der Wissenschaftler Janos Rukh (Boris Karloff) findet bei
einer Expedition in Afrika einen Meteoriten, der vor Jahrmillionen zur Erde stürzte und entdeckt den radioaktiven Stoff »Ra-
dium X«. Nachdem er durch die Strahlung verseucht wurde, ist er
plötzlich in der Lage, andere Menschen durch bloße Berührung
umzubringen. Schließlich wird er durch seine Mutter bezwungen,
die ihm die Drogen entzieht, welche ihn am Leben erhalten. Regie führte Lambert Hillyer.

47

›Doctor Cyclops‹ (Dr. Zyklop, USA 1940)

1940 kam noch der ein Jahr zuvor von Ernest B. Schoedsack gedrehte Film *Dr. Cyclops* heraus, in dem der böse Wissenschaftler
Dr. Thorkel (Albert Dekker) eine Gruppe von Berufskollegen in

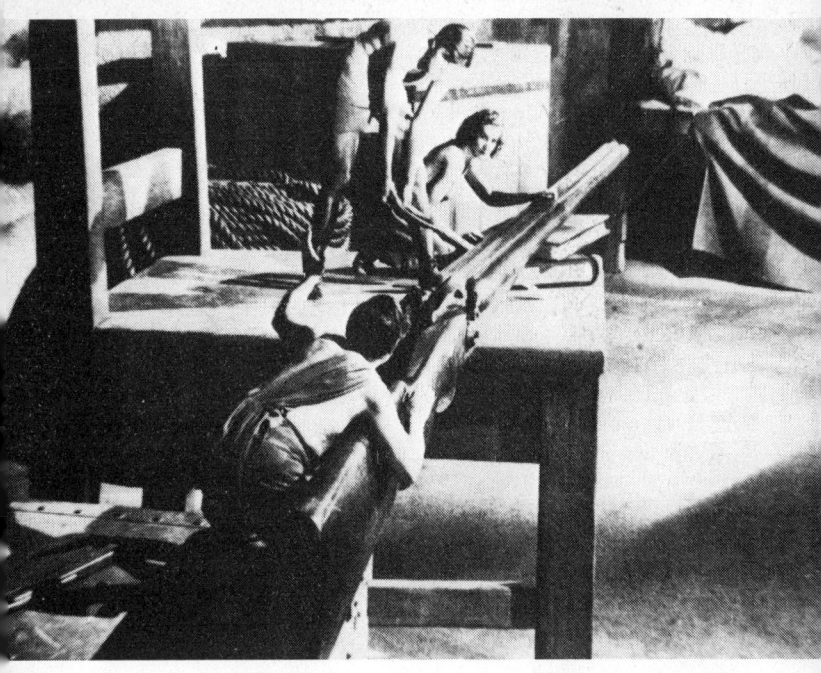

›Doctor Cyclops‹ (Dr. Zyklop)

sein abgelegenes Laboratorium im peruanischen Dschungel lockt. Als sie dort seinen verbotenen Forschungen auf die Spur kommen, läßt er sie, mit Hilfe einer von ihm erfundenen Apparatur, auf die Größe von 30 cm schrumpfen. Die Wissenschaftler können in den Dschungel fliehen und später ihren Peiniger im Schlaf überraschen. In Analogie zum Zyklopen in der homerischen »Odyssee«, die sich bereits im Filmtitel andeutet, zerstören sie seine Brillengläser, ohne die er fast blind ist. Ein offener Minenschacht wird Thorkel zum Verhängnis. Er stürzt zu Tode.

Dr. Cyclops erreichte erst Jahre später größere Beachtung. Zur Zeit seiner Uraufführung blieb der Film weitgehend unbekannt, denn das Publikum war an mad-scientist-Geschichten nicht mehr sonderlich interessiert.

Erstaunlich überzeugend waren die an sich simplen Trickaufnahmen von Farciot Edouart. Durch den Einsatz riesenhafter Dekorationsstücke (ein fünf Meter hoher Stuhl läßt jeden Menschen klein erscheinen) in Verbindung mit der Rückprojektion wurde die Illusion der Verkleinerung glaubhaft gemacht.

Ebenfalls nicht sonderlich erfolgreich war 1940 der von Hal Roach produzierte und inszenierte Film *One Million B. C.*, der in der prähistorischen Vergangenheit angesiedelt ist, als die Erde noch von Dinosauriern bevölkert wurde.

Wesentlich bekannter ist das Remake *One Million Years B. C.*, das die Produktionsfirma Hammer 1966 unter der Regie von Don Chaffey mit der Modellanimation von Ray Harryhausen herausbrachte. In der Originalfassung wurden keine Modelle, sondern vielmehr ausschließlich Realaufnahmen von Reptilien und Amphibien verwandt, die mittels der Rückprojektion riesenhafte Ausmaße annahmen.

Ende der 30er und in den beginnenden 40er Jahren wurde die Leinwand hauptsächlich von Filmen bevölkert, die amerikanische Ideale und patriotisches Gedankengut hochhielten. Die sogenannten Superhelden-Serials feierten ihren Einzug.

3. Serials und Superhelden

Das Kinopublikum verlangt seit eh und je nach Idealen und Idolen, nach blondgelockten-blauäugigen Helden, mit denen es sich identifizieren kann.

Gerade in gesellschaftlichen und politischen Krisenzeiten ist der Film bemüht, diesem Bedürfnis zu entsprechen. War es Anfang der 30er Jahre der »mad scientist«, in den Angst- und Feindvorstellungen projiziert wurden, so eroberte Ende der 30er/Anfang der 40er Jahre der sogenannte Superheld die Leinwand. Diese Filme um aufrechte Männer, die jeder Situation gerecht wurden und überragende oder gar übernatürliche Kräfte ihr eigen nennen konnten, waren fast allesamt Comic-strip-Adaptationen. Hier zeigt sich zum ersten Mal die enge Verwandtschaft des Science-Fiction-Films mit den bunten Bilderheftchen.

Waren die Comics, als Massenware Produkte der Depression, anfangs noch kurze komische Bildergeschichten in amerikanischen Tageszeitungen gewesen, so traten alsbald die Heroen auf den Plan, die ihre Abenteuer in irrealen SF-Welten oder im Dschungel (wie »Tarzan« von Harold R. Foster) zu bestehen hatten.

Während die reale Kriegsgefahr durch die deutschen Nationalsozialisten immer konkretere Formen annahm, wurde diese Thematik in altbewährter Verdrängungsmanier vom Science-Fiction-Film nicht mehr aufbereitet. Man wandte sich unbedarften Abenteuern zu, aus denen sich aber auch zeitpolitische Bezüge herauslesen lassen. Was lag als Garantie für einen großen Publikumserfolg näher als die Verwertung bereits etablierter Heldenfiguren, die sich großer Beliebtheit erfreuen durften?

So erblickte 1936 mit *Flash Gordon* einer der bekanntesten SF-Heroen nach der gleichnamigen Comic-Serie von Alex Raymond in einem 13teiligen Serial das Licht der Filmwelt. Die Serials, schon seit Stummfilmzeiten populär und bereits damals mit utopischen Versatzstücken und Elementen ausgestattet, waren kurze Fortsetzungsfilme, die nach dem sogenannten »cliffhanger«-Prinzip allwöchentlich jeweils an der spannendsten Stelle abbrachen. Der Held befand sich dann gerade in einer schier ausweglosen Situation, aus der er sich jedoch in der nächsten Folge immer wieder

›Flash Gordon‹ (USA 1936)

befreien konnte. Die Serials waren vornehmlich für Kinder produziert und liefen im Kino als Beiprogramm zum jeweiligen Hauptfilm. Serienprinzip und Grundmuster der durch Tempo und

›Flash Gordon‹

Aktion bestimmten Filme änderten sich nie, und auch die Drehbücher erforderten nicht gerade einen hochentwickelten Geist.
Diese beiden Tatsachen konnten jedoch die Attraktivität der Serials beim Publikum keineswegs schmälern. Flash Gordon nun,
ideal verkörpert von Larry »Buster« Crabbe (dem Goldmedaill-
len-Gewinner im Schwimmen bei den Olympischen Spielen von
1932 in Los Angeles), fliegt mit einer von Professor Zarkov
(Frank Shannon) konstruierten Rakete in Begleitung seiner Braut
Dale Arden (Jean Rogers) zum Planeten Mongo, wo er vor exoti-
scher Kulisse seine Abenteuer bestehen muß. Neben seinen Auseinandersetzungen mit Vogel-, Fisch- und Löwenmenschen sowie
Weltraumcircen und anderen skurrilen Wesen wird Flash mit
einem aktuellen Feindbild konfrontiert: Ming der Gnadenlose,
ein finsterer, asiatisch anmutender Diktator, hat ein faschistisches
Regime errichtet, das bekämpft werden muß. Nachdem auch ein
Todesstrahl unschädlich gemacht wurde, kann Flash wieder zur
Erde zurückkehren. Regie führte Frederick Stephani. Unverkennbar sind die Einflüsse von Märchen, alten Sagen und My-

53

Oben:
›Flash Gordon‹ Gayle und
Flash – Jean Rogers und
Larry »Buster« Crabbe

Links:
Der teuflische Diktator Ming
aus ›Flash Gordon‹ (Charles
Middleton)

then, vermischt mit Technik und Elementen der alten Mantel-
und Degenfilme, aber auch des Western und des Kostümfilms.
Die Serials machten sich alles zunutze und waren selbst in ihrer
Ausstattung eine Ansammlung bereits benutzter Kulissen.

Gedreht wurde in übriggebliebenen Dekorationen aus älteren
Horror-Filmen der Produktionsfirma Universal, wie *The Mummy*
(Die Mumie, USA 1932) oder *The Bride of Frankenstein* (Fran-
kensteins Braut, USA 1935).

Flash Gordon gehörte mit angeblichen Produktionskosten von
350.000 Dollar (üblich waren 100.000 bis 150.000 Dollar) unter
den 231 zwischen 1929 und 1956 in Hollywood entstandenen Serials wahrscheinlich zu den aufwendigsten, ganz sicher aber zu den
bekanntesten.

Wegen des großen Erfolgs ließ die Fortsetzung nur zwei Jahre
auf sich warten. *Flash Gordon – Space Soldier's Trip to Mars* folgte 1938 als Serial in 15 Teilen. Larry »Buster« Crabbe agierte diesmal unter der Regie von Ford Beebe und Robert F. Hill. Seine
Kontrahenten waren wiederum Ming, aber auch Lehm- und
Waldmenschen sowie eine Königin der Magie, die wunderschöne
Azura.

Im dritten und letzten Serial, *Flash Gordon Conquers the Uni-*

›Flash Gordon‹

55

Comic-Vorlage »Flash Gordon« von Alex Raymond

verse (1940, 12 Teile), ging es unter der Regie von Ford Beebe und Ray Taylor um einen tödlichen roten Staub, der die Menschheit dezimiert und sich später als Mings teuflisches Werk herausstellt.

Alle drei Serials wurden von der Universal produziert und später auch zu jeweils einer Spielfilmfassung verarbeitet. Zwischenzeitlich war Larry »Buster« Crabbe in dem zwölfteiligen Serial *Buck Rogers* zu bewundern gewesen, das Ford Beebe und Saul A. Goodkind 1939 basierend auf Phillip Nowlans Story »Armageddon 2419 A. D.« drehten.

Der Titelheld ist Fliegerleutnant und verfällt durch ein unbekanntes Gas in einen tiefen Schlaf, aus dem er erst im 25. Jahrhundert wieder erwacht.

Die Konstellation ist dieselbe wie bei *Flash Gordon*. Auch hier gibt es einen ewigen Gegenspieler und eine Braut, zu der der Held

›*The Green Hornet Strikes Again*‹ *(USA 1940)*

ausschließlich puritanische Beziehungen unterhält und die er immer wieder aus den Händen der Bösewichter erretten muß.

Der Böse läßt sich anhand seines Äußeren identifizieren, sein finsterer Gesichtsausdruck und ein zumeist skurriles Bärtchen verraten ihn. Er ist ernst, skrupellos, intelligent und fanatisch seinem Ziel verschworen, aber niemals sympathisch.

Die Technik pervertiert nicht zur Bedrohung, sondern zum Spielzeug des Helden. So ist zum Beispiel Flash Gordons Begleiter Professor Zarkov jederzeit in der Lage, eine neue überraschende Erfindung aus dem Ärmel zu schütteln, derer sich Flash dann leichtfertig bedienen kann.

In der Folgezeit gaben viele Comic-Figuren ihr filmisches Debüt. Es entstanden *Mandrake, the Magician* (USA 1939), *The Green Hornet* (USA 1939), *The Green Hornet Strikes Again* (Re-

›Adventures of Captain Marvel‹ (USA 1941)

gie: Ford Beebe und John Rawlings, USA 1940) mit Keye Luke und Warren Hull, *Adventures of Captain Marvel* (Regie: William Witney und John English, USA 1941) mit Tom Tyler, *The Phantom* (Regie: B. Reeves Eason, USA 1943) mit Tom Tyler, *Batman* (Regie: Lambert Hillyer, USA 1943) mit Lewis Wilson und Douglas Croft und *Captain America* (Regie: John English und Elmer Clifton, USA 1944) mit Dick Purcell.

Während des Zweiten Weltkrieges mußten auch die Superhelden militärisch ihren Mann stehen. Die in der Krisenzeit produzierten Heldenbilder sollten Selbstbewußtsein und Nationalgefühl vermitteln.

Die Superhelden wurden zu Weltpolizisten, die sich entsprechend der Großmacht USA aus angeblichem Sicherheitsbedürfnis heraus in die Angelegenheiten ausländischer Nationen einmischten.

Die Feindbilder in den Filmen, die bisher je nach politischer Großwetterlage schwankten, entpuppten sich nun ganz klar als Nazis oder Japaner.

So ist der Fledermaus-Mann in *Batman* (1943) beispielsweise bemüht, die Pläne des Japaners Dr. Daka (J. Carroll Naish) zu

›The Phantom‹ (USA 1943)

vereiteln, der zwei Jahre vor Hiroshima (!) die Amerikaner mittels Atomwaffen angreifen will.

Auffällig ist die geradezu neurotische Vorliebe für Verkleidungen. Wahrscheinlich sollte dies die Identifikationsmöglichkeiten erweitern und den Heroen auch äußerlich bereits von der Masse abheben. Die Superhelden besaßen in der Regel auch einen jugendlichen Begleiter, der wohl dann als Idol des jüngeren Publikums herhalten mußte. Da sich diese Männer-Teams Frauen gegenüber sehr asexuell und verklemmt verhielten, war der Verdacht homoerotischer Beziehungen schnell geboren. Amerikas »moralschützende« Frauenverbände vermuteten mehr als reine Zweck- und Freundschaftsbeziehungen hinter den »Super-Gespannen«.

Neben den Superhelden wurden natürlich auch noch andere Themen verarbeitet. Bei allen SF-Serials ging es aber immer wieder um eine Bedrohung der einen oder anderen Art, die durch den Einsatz eines tapferen Einzelkämpfers jeweils von der Erde abgewendet werden konnte.

The Phantom-Empire (Phantom-Reiter, USA 1935), ein Vorläufer der klassischen SF-Serials von B. Reeves Eason und Otto Brower, erzählt eine naiv-phantastische Geschichte um den singenden Cowboy Gene Autry, der auf seiner Ranch in Texas eine Radiostation betreibt. Unter seinem Land befindet sich das Uran-Reich Murania, dessen Königin Tika (Dorothy Christy) mit ihren Kriegern, die sowohl mit Schwertern und Speeren als auch mit Strahlenwaffen ausgerüstet sind, die oberirdische Welt erobern will. Dank seiner amerikanischen Pionierkräfte und eines ausgezeichneten Faustschlages kann Autry aber die Situation retten und sogar noch seinen neuesten Song vortragen.

In gleicher Tradition steht *Undersea Kingdom* (Unga Khan – Der Herr von Atlantis, USA 1936) von B. Reeves Eason und Joseph Kane. Dort entdeckt ein junger Navy-Offizier (Ray »Crash« Corrigan) zusammen mit einem Wissenschaftler das unterseeische Atlantis, dessen Bewohner mit ihren phantastischen Waffen die Menschen auf der Oberfläche angreifen wollen.

Beiden Serials ist die Reduzierung technologischen Fortschrittes auf phantastische Waffentechnik gemeinsam. Die futuristischen Strahler, Raketen und sonstigen Apparaturen fallen aus dem Rahmen, den Wildwest-Szenerie oder das sagenhafte Atlantis vorgeben, und werden somit zum Anachronismus.

Utopische Versatzstücke jeglicher Art erfreuten sich zu jener Zeit allgemeiner Beliebtheit und fanden auch in Nicht-SF-Serials rege Verwendung. Wissenschaftlich plausibel mußten die ganzen

›Captain America‹ (USA 1944)

Erfindungen gerade nicht sein. Was zählte, war allgemein die Phantasie.

Und der waren keine Grenzen gesetzt: Materietransmitter, Autos mit Supergeschwindigkeit, Todesstrahlen, Fluganzüge, Superbomben etc., diese Reihe ließe sich beliebig fortführen. Die Autoren, denen im Niveau nach unten keine Grenzen gesetzt waren, übertrafen sich gegenseitig mittels ihrer »genialen Erfindungsgabe«. Auch der »mad scientist« wurde wieder bemüht.

In *Phantom Creeps* (Regie: Ford L. Beebe und Saul A. Goodkind, USA 1939) erhält der böse Dr. Alex Zorka (Bela Lugosi) durch einen Meteor die Kraft, Menschen zu betäuben. Mit Hilfe eines riesigen Roboters und einem Gürtel, der ihm Unsichtbarkeit verleiht, wollen Zorka und sein Assistent die Welt erobern. Ihre teuflischen Pläne werden allerdings vom guten Gegenspieler Dr. Mallory durchkreuzt.

Auch nach dem Kriege entstanden noch Superheldenfilme, doch verschwanden sie mit abnehmender Popularität langsam in der Versenkung.

1948 drehten Spencer Bennet und Thomas Carr das 15teilige Serial *Superman* mit Kirk Alyn in der Hauptrolle, das sich eng an

›The Phantom Creeps‹ (USA 1939)

die gleichnamige Comic-Vorlage von Jerome Siegel und Joe Shuster anlehnte.

Superman vom untergegangenen Planeten Krypton hat Superkräfte, die er zum Wohle der Menschheit einsetzt. Als fliegender und unverwundbarer Superheld (Wunschträume eines frustrier-

›Superman‹ (Im Netz der schwarzen Spinne [Teil 1] und Tod der schwarzen Spinne [Teil 2], USA 1948)

ten Publikums) betätigt er sich als Retter in höchster Not oder bekämpft die »Schwarze Spinne«, eine verbrecherische Lady.

In Deutschland wurde das Serial zu zwei Filmen zusammengefaßt und unter den Titeln »Im Netz der Schwarzen Spinne« und »Tod der Schwarzen Spinne« aufgeführt.

›Atom Man Vs. Superman‹ (USA 1950)

Neben *King of the Rocket Men* (König der Raketenmänner, Regie: Fred C. Brannon, USA 1949) kamen als weitere Nachzügler noch *Atom Man Vs. Superman* (USA 1950, wieder mit Kirk Alyn) und *Superman and the Mole Man* (USA 1951, hier George Reeves in der Hauptrolle) heraus. Dann war man mit dieser Thematik vorläufig am Ende.

›King of the Rocket Men‹ (König der Raketenmänner, USA 1949)

4. Der erste Boom: Die 50er Jahre

Der Zweite Weltkrieg hatte das Gesicht der Welt entscheidend verändert. Zwei Machtblöcke mit grundsätzlich verschiedenen Ideologien standen sich feindlich gegenüber. Die beiden Atombombenabwürfe von Hiroshima und Nagasaki hatten in grauenhafter Weise deutlich gemacht, daß der Mensch von Stund an in der Lage war, seine eigene Zivilisation zu vernichten.

Die kapitalistisch ausgerichtete westliche Welt reagierte mit Angstpsychosen und Paranoia auf diese beiden Tatsachen.

Der Science-Fiction-Film als Seismograph für Bewußtseinsängste und Krisenzeiten erlebte einen gigantischen Boom. In den USA erreichte die unzweifelhaft neurotische Angst vor dem Kommunismus als Ausdruck des Widernatürlich-Unamerikanischen ungeahnte Ausmaße. Die Sensibilisierung durch den Kalten Krieg, der jederzeit heiß zu werden drohte, bekam krankhafte Auswüchse. Ein trauriger Höhepunkt waren die Umtriebe des amerikanischen Senators Joseph McCarthy, unter dessen Tribunalen wahre Hexenjagden und Schauprozesse durchgeführt wurden, die keineswegs mehr mit demokratischen Prinzipien zu vereinbaren waren.

Der Science-Fiction-Film war nicht in der Lage, diese politischen Realitäten bewußt zu machen oder gar zu verarbeiten. Statt dessen entwickelte er große Themenkreise, die auf das damals vorherrschende Bewußtsein ansprachen und die im folgenden ausführlich behandelt werden:

- *Space Opera:* Der amerikanische Imperialismus der 50er Jahre und die bereits im Western manifestierte »frontier«-Ideologie von der Sicherung der Grenzen fanden hier ihre Entsprechung.
- *Invasion:* Die befürchtete und allgegenwärtige Bedrohung aus dem Osten wurde thematisch ins Weltall verlegt. Den Platz der verteufelten Kommunisten als Gefährder der sauberen amerikanischen Welt nahmen nun außerirdische Invasoren ein.
- *Monster & Mutationen:* Sie sind der Einbruch des Unamerikanischen als Strafe für das eigene Versagen, in vielen Fällen durch Atombombenexplosionen ins Leben gerufen.
- *Doomsday (Post-Doomsday):* Wollüstige Endzeitphantasien über den Weltuntergang oder die Zeit danach.

Die Space Opera – Eroberung des Weltraums

Seit den Tagen Jules Vernes (1828–1905) ist die Reise ein beliebtes Sujet der Phantastik, ob sie nun in unzugängliche Gebiete auf der Erde oder in den Weltraum führt (z.B. »Von der Erde zum Mond«, 1865).

In der SF-Literatur als sogenannte Space Opera quantitativ reichlich vertreten, spielt die Reise-Thematik im SF-Film eine untergeordnete Rolle. Anfang der 50er Jahre entstanden einige Filme, die als charakteristisch gelten müssen und auf die im folgenden noch einzugehen sein wird.

Unverkennbar sind die Einflüsse des Western, der für lange Jahre amerikanischsten aller Filmgattungen. Dort gilt die Reise (der Zug nach Westen) als Inbegriff der Mobilität, der Bewegung und somit auch der Freiheit. Hinzu kommt eine »frontier«-Ideologie von der Sicherung der Grenzen und dem Eindringen in noch unerforschte Gebiete.

Nachdem man auf dem ewigen Zug nach Westen irgendwann einmal auf den Pazifik gestoßen war, setzte sich die Einsicht durch, daß es auf der Erde geographisch gesehen nicht mehr allzuviel Aufregendes zu entdecken gab.

Die Science Fiction bot da noch andere Möglichkeiten: Wenn die Erde nichts mehr hergab, mußte man sie eben verlassen!

Begünstigt durch die tatsächliche raumfahrttechnische Entwicklung dachte man zuerst an ein naheliegendes Ziel – den Mond. So entstand in den Jahren 1949/50 unter der Regie von Irving Pichel *Destination Moon* (Endstation Mond), der sich eng an der wissenschaftlichen Realität orientierte, gleichzeitig aber auch den ideologischen Nährboden seiner Entstehung entlarvte.

Der Kalte Krieg fand an allen Fronten statt. Nachdem die »frontier« das Genre des Western, ins All verlegt worden war, wurden nun auch dort Auseinandersetzungen zum Wohle Amerikas ausgetragen, die im Film selbstverständlich immer siegreich endeten.

Im Glauben, »daß die Nation, die zuerst auf dem Mond landet, zugleich auch das Schicksal der Erde bestimmt«, wollen die Amerikaner im Wettlauf mit den Sowjets die ersten sein. General Thayer (Tom Powers), dem von der Armee die militärische Auswertung der Raketenforschung anvertraut wurde, ist der Leiter

›Destination Moon‹ (Endstation Mond, USA 1950) – Dreharbeiten

des Projekts. Nach jahrelanger Arbeit scheitert der erste Start durch Sabotage – die Rakete explodiert. Da die Regierung daraufhin ihre finanzielle Unterstützung entzieht, kommt es zu einem bedenklichen Triumvirat von Industrie, Wissenschaft und Militär.

General Thayer, Dr. Cargraves (Warner Anderson), ein »führender Atomphysiker«, und Jim Barnes (John Archer), einer der »fortschrittlichsten Industriellen des Landes«, gelingt es gemeinsam (bei so viel vereinter Macht zum »Wohle des amerikanischen Volkes« kein Wunder), mit sich selbst als Besatzungsmitgliedern den zweiten Start dieser nun »privat« finanzierten Mondrakete erfolgreich durchzuführen. Das Volk hat diesen heroischen Einsatz zwar nicht verdient, denn die öffentliche Meinung war gegen das Projekt, so daß sich die Regierung zur Rücknahme der Starterlaubnis gezwungen sah, aber Hauptsache die Interessen der USA in der Welt bleiben gewahrt.

67

Nachdem durch die Eroberung des Mondes die Überlegenheit der amerikanischen Technologie glänzend demonstriert werden konnte (was 1969 bei der tatsächlichen Mondlandung auch nicht gerade eine unwillkommene Begleiterscheinung war), besteht nun auch die Möglichkeit für die Errichtung militärischer Stützpunkte, von denen aus man die Erde kontrollieren und schützen (!) kann. Daß auf diese Tatsache nachdrücklich hingewiesen wird, beweist recht eindeutig, aus welchem ideologischen Holz der Film geschnitzt ist. Außerdem wird in den Mondgebirgen hochwertiges Uran vermutet.

Destination Moon entstand unter der Mitarbeit mehrerer Wissenschaftler. Da der neueste Stand der Forschung berücksichtigt wurde, zeigte sich ein Bild der ersten Mondlandung, wie man sie sich damals wirklich hätte vorstellen können.

Die literarische Vorlage für diesen Film lieferte der bekannte SF-Autor Robert A. Heinlein mit seinem Roman »Rocket Ship Galileo«. Heinlein, oftmals als Militarist verschrien, wird seinem Ruf gerecht. Das von ihm mitverfaßte Drehbuch behält die Grundtendenz der literarischen Vorlage bei: Die Herrschaft über den Mond könnte gleichbedeutend mit der Herrschaft über die Erde sein. Im Roman (veröffentlicht 1947) hatten die Nazis dort bereits Atomraketen stationiert.

Kurz vor dem Kinostart von *Destination Moon* kam der billig und mit geringem Zeitaufwand produzierte Streifen *Rocketship XM* (Rakete Mond startet, USA 1950) heraus. Dort verfehlt eine mehrstufige Mondrakete ihr Ziel und landet statt dessen auf dem Mars. Die Astronauten entdecken Ruinen menschlicher Bauwerke. Die Marsbewohner als ehemalige Erbauer dieser Behausungen sind durch die Folgen eines Atomkrieges zu Höhlenmenschen degeneriert. Zwei Besatzungsmitglieder der irdischen Rakete werden von ihnen getötet; der Rest kann zur Erde zurückfliegen. Doch ihr Vorhaben, die Menschheit vor einem ähnlichen Schicksal zu warnen, können sie nicht mehr verwirklichen, denn die Rakete zerschellt beim Aufprall auf die Erdoberfläche. Dieser von Kurt Neumann inszenierte Film wollte wohl aus dem zu erwartenden Erfolg von *Destination Moon* profitieren.

Nach einer Reihe nicht weiter erwähnenswerter Filme kam 1955 noch *The Conquest of Space* (Die Eroberung des Weltalls, Regie: Byron Haskin) heraus, der ebenso wie *Destination Moon* von George Pal produziert worden war. Geschildert werden der erste Flug zum Mars sowie die Schwierigkeiten und Verwicklungen bis zur Rückkehr der Astronauten. Während des Fluges wird der leitende Wissenschaftler von einem religiösen Wahn befallen. Er liest ständig in der Bibel und hält das ganze Unternehmen für Blasphemie. Als er schließlich sogar versucht, die Landung des Raumschiffes auf dem Mars zu verhindern, wird er von seinem eigenen Sohn erschossen.

Die Space Operas offenbaren in ihren Grundzügen kolonialistisch-imperialistische Tendenzen. Eine Expansion der Macht von der Erde ins Weltall hinaus ist das einzige Ziel, welches mittels der Raumfahrt verfolgt wird.

Die Projekte zur Eroberung (!) von Mond oder gar Mars werden zwar zu einer patriotischen Angelegenheit hochstilisiert, dienen in Wirklichkeit aber ausschließlich den finanziellen oder stra-

›Rocketship XM‹ (Rakete Mond startet, USA 1950)

tegischen Interessen von Industrie und Militär, welche unter Ausnutzung der einmal mehr ahnungslosen Wissenschaftler durchgesetzt werden können.

Diese Verbindung von geopolitischen Machtansprüchen mit der nationalen Moral wird sich im Imperialismus immer wieder nachweisen lassen und spiegelt sich in den Space Operas der 50er Jahre wider.

Bei so bekannten SF-Klassikern wie *This Island Earth* (Metaluna 4 antwortet nicht, USA 1955) und *Forbidden Planet* (Alarm im Weltall, USA 1956), die ebenfalls Elemente der Space Opera enthalten, trat die ideologische Präsenz ein wenig in den Hintergrund.

In ersterem (der in dem Kapitel »Invasion« noch näher besprochen wird) verbinden sich, wie auch bei anderen Filmen der Zeit, die Reisemotive mit einer Invasionsthematik: Die Reise führt zu dem Punkt, von dem die Bedrohung ausgeht.

Forbidden Planet, der von Fred McLeod Wilcox inszeniert wurde, erzählt zwar auch von einer intergalaktischen Reise und den Erlebnissen am Zielpunkt, ist aber nicht typisch für den Eroberungscharakter anderer Space-Opera-Filme. So fällt auch das für damalige Verhältnisse erstaunlich intelligente Drehbuch ein wenig aus dem Rahmen, welches Motive aus Shakespeares »The Tempest« (zwar in trivial-oberflächlicher Manier, aber immerhin) mit Freudschen Theorien in Verbindung bringt.

Ein Sternenkreuzer von der Erde fliegt mit Überlichtgeschwindigkeit dem Planeten Altair 4 entgegen. Dort macht die Besatzung Bekanntschaft mit den letzten Überlebenden des Raumkreuzers Belerophon: dem Wissenschaftler Dr. Morbius (Walter Pidgeon) und seiner hübschen Tochter Altaira (Anne Francis).

Neben einem von Morbius entwickelten Roboter, der 188 Sprachen beherrscht, sind die beiden die einzigen Bewohner des Planeten. Die übrigen Kolonisten wurden vor langer Zeit Opfer einer unheimlichen Macht, der man selbst mit Atomstrahlern nichts anhaben konnte. Kapitän Adams (Leslie Nielsen) will den Dingen auf den Grund gehen, aber Dr. Morbius ist nur widerwillig bereit, ihm seine Entdeckungen auf Altair 4 zu zeigen.

In dunkler Vergangenheit wurde der Planet von den sogenannten Krels bewohnt, einer den Menschen haushoch überlegenen Rasse. Unterirdisch arbeiten immer noch gigantische Kraftwerksanlagen, die scheinbar ungenutzte riesige Energiemengen produ-

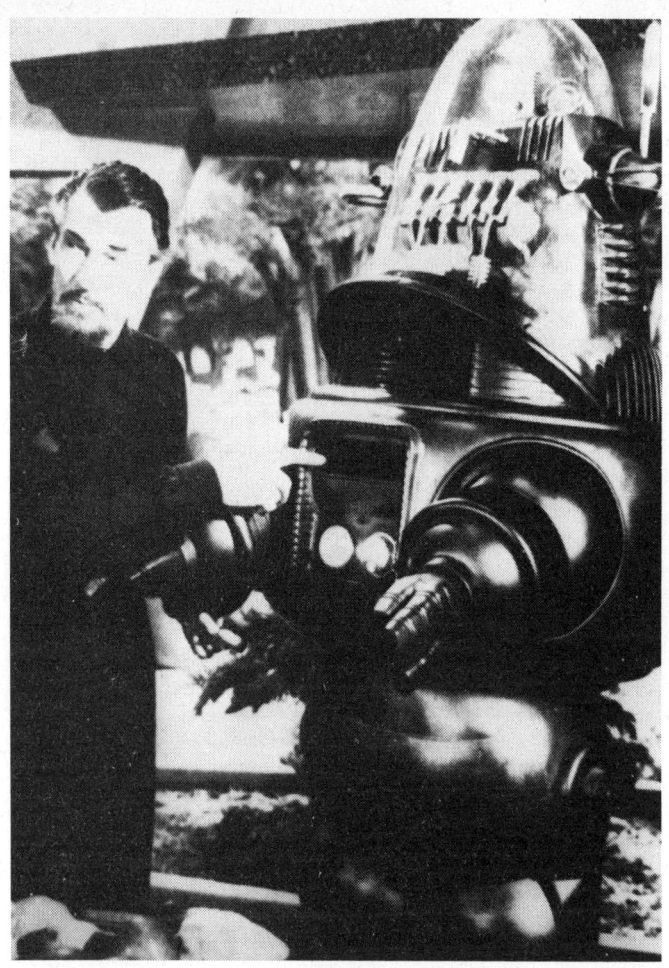

›Forbidden Planet‹ (Alarm im Weltall, USA 1956) – Walter Pidgeon und Robbie

zieren. Die Krels selbst sind unerklärlicherweise verschwunden; ihre Maschinerie aber funktioniert weiter. Es kommt zu erschrekkenden Vorfällen: Ein Mann aus der Raumschiff-Crew wird ermordet aufgefunden. In der darauffolgenden Nacht versucht eine unsichtbare Kreatur, den zum Schutz des Raumschiffs errichteten Elektronenzaun zu durchbrechen. Die Umrisse eines riesenhaften Energiewesens werden sichtbar, das plötzlich und abrupt wieder verschwindet, nachdem einige Mitglieder der Besatzung ihr Leben verloren haben.

Kapitän Adams ist überzeugt davon, daß Dr. Morbius die Ursache für diese Vorgänge erahnen kann. Er sucht ihn auf und verlangt eine Erklärung von ihm. Gleichzeitig will er Altaira dazu überreden, ihn bei seiner Rückkehr zur Erde zu begleiten. Als Dr. Morbius das hört, macht sich schlagartig das gewaltige unsichtbare Monster wieder bemerkbar. Es scheint aus reiner Energie zu bestehen und überwindet mühelos die Schutzvorrichtungen des Hauses. Die drei fliehen in das unterirdische Krel-Laboratorium. Hinter ihnen schließt sich eine tonnenschwere Panzertüre, welche ausreichenden Schutz verspricht.

Hier kommt es in einem atemberaubenden Finale zu einer überraschenden Lösung: Die Krels haben die riesigen Energiemengen erzeugt, um allein durch Gedankenkraft ihren Wünschen Form und Gestalt geben zu können. Beherrscht wurden sie aber nicht nur von einer positiven Kreativität, sondern auch von destruktiven Trieben und Aggressionen. Diese verschütteten dunklen Kräfte ihres Unterbewußtseins traten derart massiv zutage, daß die Krels letztlich an ihnen zugrunde gingen. Sie werden sich förmlich gegenseitig zerfleischt haben. Ihre Kraftwerksanlagen funktionierten aber auch nach ihrem Tod weiter und lassen nun den unbändigen Haß des Dr. Morbius Gestalt annehmen. Er, der eifersüchtig über Altaira wacht und eine inzestähnliche Gefühlsbindung zu ihr unterhält, betrachtet alle anderen Menschen als Feinde, die ihm seine Tochter wegnehmen wollen. Deshalb will er sie in seinem Unterbewußtsein umbringen.

Das Monster, das sich selbst durch die Panzertür nicht aufhalten lassen wird, ist Dr. Morbius selbst. Die Inkarnation des Bösen in ihm ist angetreten, die Rivalen um die Gunst seiner Tochter zu vernichten. Aus diesem Grunde konnte auch der Roboter Robby nicht gegen das Energiemonster eingesetzt werden, denn, nach den Asimov'schen Robotgesetzen programmiert, durfte er seinen eigenen Herrn nicht angreifen und war zu Desaktivität verurteilt. Als die Stahltür weißglühend wird, erkennt Dr. Morbius die volle Wahrheit. In einer gewaltigen Willensanstrengung kämpft er dagegen an und hat Erfolg: Das Monster aus den Tiefen seines

›Forbidden Planet‹ (Alarm im Weltall) – das Raumschiff in Alarmbereitschaft

Unterbewußtseins verschwindet. Morbius bezahlt seine Tat allerdings mit dem Leben. Sterbend bittet er Kapitän Adams noch, einen Selbstzerstörungsmechanismus zu betätigen und anschließend mit seiner Tochter den Planeten schnellstens zu verlassen.

Altair 4 explodiert, während sich die Menschen mit ihrem Sternenkreuzer bereits in sicherer Entfernung befinden. Es bleibt die zum Schluß des Films geäußerte Hoffnung, daß die Erfindungen der Menschheit nicht ebenfalls zu ihrer eigenen Vernichtung beitragen werden.

Forbidden Planet wurde relativ aufwendig von MGM produziert, was für die damalige Zeit eine Ausnahme bedeutete. SF-Filme wurden normalerweise von kleineren Gesellschaften mit geringem Budget realisiert, was sich auch in der Folgezeit nicht ändern sollte, denn der Erfolg von *Forbidden Planet* fiel nicht gerade überragend aus.

›Forbidden Planet‹ (Alarm im Weltall) – Leslie Nielsen, Anne Francis

Das ›Monster‹ im Film bleibt übrigens weitgehend unsichtbar, seine Auftritte werden lediglich wirkungsvoll durch elektronische Toneffekte unterstützt. Gerade weil das Auge nichts zu sehen bekommt, die übrigen Sinne aber etwas Grauenhaftes auf der Leinwand erahnen lassen, entsteht der nachhaltige Schrecken im Kopf des Zuschauers. Lediglich in einer Szene sind kurz die Umrisse der Kreatur zu erkennen. Hierfür wurde Trickspezialist Joshua Meador leihweise von den Walt Disney-Studios engagiert, der dem Untier mittels Zeichentrick ein wenig Form verlieh.

In *Forbidden Planet* bewahrheitet sich die Spruchweisheit, daß der größte Feind des Menschen immer noch der Mensch selbst ist. Auf Altair 4 wird die Besatzung des irdischen Sternenkreuzers nicht mit aggressiven extraterrestrischen Lebensformen, sondern mit einem, dem menschlichen Unterbewußtsein entsprungenen Monster konfrontiert.

Tatsächliche Begegnungen mit Außerirdischen stehen im SF-

Film allerdings generell unter einem ungünstigen Stern. Die Kontakte mit den sogenannten »aliens« finden bezeichnenderweise fast ausschließlich auf militärischem Gebiet statt. Stets ist die Erde den Bedrohungen aus dem Weltall ausgesetzt. Grausig anzusehende Monster oder Geisteswesen, die Menschen »übernehmen« können, kommen als Invasoren – niemals als Freunde. Die abenteuerlichsten Beweggründe veranlassen sie dazu, ihre schleimigen Tentakel (oder was auch immer) gierig nach der Erde auszustrekken.

Die Gefahr aus dem All steht in Wirklichkeit als Symbol für den befürchteten offenen Angriff oder die schleichende Infiltration aus dem kommunistischen Osten. Wie schon bei der Space-Opera-Thematik bildeten die politischen Umstände der 50er Jahre den geeigneten ideologischen Nährboden für eine wahre Flut von Invasionsfilmen.

Watch the Sky! – Die Bedrohung aus dem All

Nach dem Zweiten Weltkrieg war die Aufteilung der Welt in zwei sich feindlich gegenüberstehende Machtblöcke zur bedrohlichen Realität geworden. Das daraus resultierende Klima der Angst und ideologischen Ächtung begünstigte den SF-Film als geeignetes Medium, um das von Paranoia und Neurosen geschüttelte amerikanische Publikum in seiner Furcht weiter zu bestärken oder weitergehend sogar politisch zu disziplinieren.

Der Kalte Krieg prägte die Stimmung und fand auch auf der Leinwand statt.

Die Angst vor der allgegenwärtigen Gefahr aus dem Osten und vor der kommunistischen Unterwanderung der eigenen Reihen nahm seltsame Auswüchse an.

Während unter der unseligen Leitung des amerikanischen Senators Joseph McCarthy wahre Hexenjagden und Schauprozesse wegen Verdachts auf »unamerikanisches Verhalten« durchgeführt wurden, die jedweder Demokratie Hohn sprachen und ein politisches Klima der gegenseitigen Verdächtigungen und Bespitzelungen förderten, war der Film einmal mehr außerstande, die Geschehnisse rational zu verarbeiten.

Begünstigt durch die in den Vereinigten Staaten weit verbreitete UFO-Hysterie, wurde die tatsächliche oder auch nur eingebildete Gefahr in den Bereich des Irrationalen verdrängt.

Über 11 000 UFO-Meldungen registrierte die US-Luftwaffe seit 1947. In den Augen der Amerikaner konnte sich hinter diesen sogenannten Fliegenden Untertassen alles mögliche verbergen: Außerirdische Invasoren oder Beobachter, möglicherweise aber auch russische Flugobjekte und bolschewistische Geheimwaffen.

Für den SF-Film verbanden sich realer Schrecken und fiktive Bedrohung zu einem Bild. Die Gefahr kam aus dem Weltall, obwohl vielmehr der andere Teil der Erde gemeint war.

Aus dieser Situation heraus entstand die sogenannte Invasionsthematik, derer sich die Mehrzahl der in den 50er Jahren entstandenen SF-Filme annahm.

Einer der ersten Filme dieser Art war *The Thing* (Das Ding aus einer anderen Welt, USA 1951), der offiziell der Regie von Christian Nyby zugeschrieben wird. Bekanntermaßen war aber Howard Hawks sehr stark an der Realisation beteiligt; so enthält der Film viele für Hawks typische Merkmale.

Auf einer Luftwaffenbasis in der Nähe des Nordpols gerät eine Gruppe wackerer Amerikaner in Schwierigkeiten. Im ewigen Eis wird ein offensichtlich abgestürztes Raumschiff entdeckt. Bei näherer Untersuchung wird ein Eisblock zutage gefördert, in dem sich die Konturen eines unheimlichen Wesens abzeichnen. Das »Ding« wird zur Basis gebracht und dort durch ein Versehen vom Eis befreit. Zum allgemeinen Erschrecken erweist sich die außerirdische Kreatur als nahezu unverwundbar. Außerdem ernährt sie sich noch von menschlichem Blut. Wie die Wissenschaftler herausfinden, handelt es sich bei dem Fremden vom anderen Stern im biologischen Sinne nicht um ein Tier, sondern vielmehr um eine humanoide Pflanze, um eine überdimensionale »Rübe« auf zwei Beinen (wie sie einmal im Film bezeichnet wird).

Der Außerirdische pflanzt sich durch das Auslegen von Samen fort. Es gelingt ihm sogar, das Treibhaus zu einem Aufzugsgehege für seine Nachkommenschaft umzufunktionieren. Während die Wissenschaftler für eine Kommunikation mit dem Außerirdischen eintreten, entscheiden sich die Militärs für die Vernichtung des Monsters, indem sie es auf ein unter Hochspannung stehendes Gitter locken. Der Plan gelingt, das Monster vergeht in den Flammen, die Menschheit ist gerettet!

Die Story des Films nach der Kurzgeschichte »Who Goes There?« von John W. Campbell jr. ist im Grunde genommen einfach aber wirkungsvoll: Eine Gruppe von Männern ist einer Ge-

›The Thing‹ *(Das Ding aus einer anderen Welt, USA 1951)*

fahr in räumlicher Isolierung auf Gedeih und Verderb ausgeliefert. Die sich daraus entwickelnden klaustrophobischen Ängste
und Spannungsmomente sind meisterhaft genutzt.

77

Die gradlinige Erzählweise und geschickt erzeugte Dramatik waren sicherlich Grundsteine zum anhaltenden Erfolg von *The Thing*. Ideologisch betrachtet kann der Film den Zeitgeist nicht verleugnen. Eine vielleicht angestrebte Verständigung ist schon allein wegen der (an sich unbegründet erscheinenden) grenzenlosen Aggressivität des Gegners nicht möglich – eine scheinheilige Erklärung für die politische Sprachlosigkeit und mangelnde Kommunikation während des Kalten Krieges. Folglich kommt es zu einem Kampf auf Leben und Tod, der natürlich von tapferen, aufrechten (amerikanischen!) Männern für sich entschieden werden kann.

Im Kino schien es relativ einfach, die Anfangssituation wieder herzustellen. Die Verhältnisse waren durchschaubar, was man von der Realität leider nicht behaupten konnte. Wie bei zahlreichen anderen Invasionsfilmen sollte auch bei *The Thing* das Gefahrenbewußtsein der amerikanischen Öffentlichkeit geschärft werden. Gegen Ende des Films sendet ein Reporter (in der amerikanischen Dialogfassung) von der einsamen Station folgenden Funkspruch in die Welt: »Ich will euch warnen … jeden, der jetzt meine Stimme hören kann … erzählt es der Welt … erzählt es jedem … beobachtet den Himmel … beobachtet alles. Seid wachsam! Beobachtet den Himmel!«

Dieses »Watch the Sky!« wurde ein Symbol des SF-Films für den Ansporn zu antikommunistischer Wachsamkeit. Es ist anzunehmen, daß diese Warnung weniger auf eine eventuelle Bedrohung aus dem All, sondern vielmehr auf russische Flugzeuge gemünzt war.

Ebenfalls 1951 entstand *The Day the Earth Stood Still* (Der Tag, an dem die Erde stillstand, Regie: Robert Wise), der sich wohltuend von anderen Invasionsfilmen abhob. Eine Bedrohung aus dem All findet nicht statt. Der Außerirdische Klaatu (Michael Rennie) kommt vielmehr in friedlicher Mission und landet in Begleitung des riesenhaften Roboters Gort mit seiner fliegenden Untertasse in Washington. Er übermittelt eine Friedensbotschaft, zugleich aber auch ein Ultimatum: Alle Atombombenversuche sollen eingestellt werden, um Schaden vom Universum abzuwen-

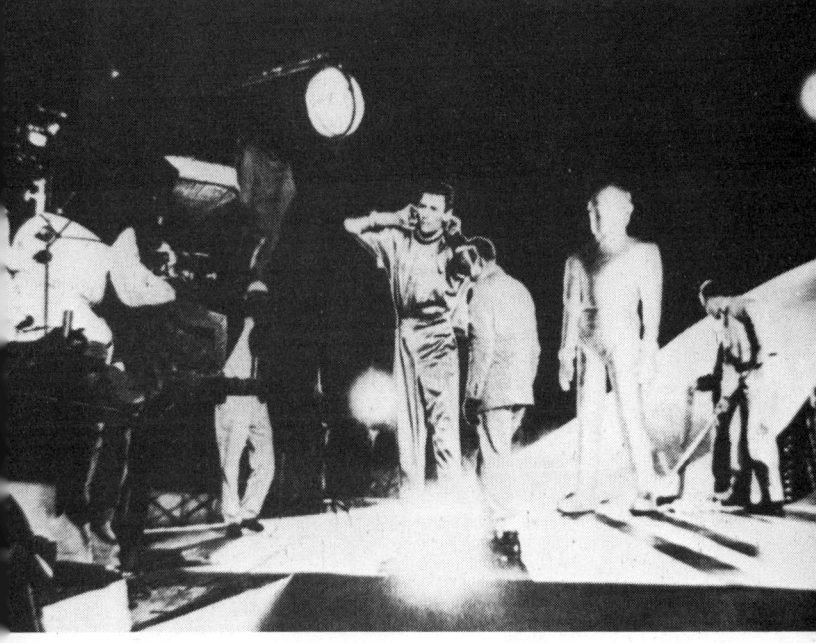

›The Day the Earth Stood Still‹ (Der Tag, an dem die Erde stillstand, USA 1951) – Michael Rennie bei den Dreharbeiten

den. Andernfalls müsse die Erde vernichtet werden. Zur Demonstration seiner Macht läßt Klaatu für eine Stunde auf der gesamten Erde den Strom ausfallen.

Während seines Aufenthaltes lernt er die Menschen näher kennen und begreift, daß nur wenige den Krieg wirklich wollen. Die Militärs versuchen mittlerweile, den unliebsamen Außerirdischen zu beseitigen. Ihnen gelingt es, Klaatu tödlich zu verwunden.

Der allmächtige Roboter Gort kann seinen Herrn im Raumschiff allerdings wieder zum Leben erwecken. Mit seinen neuen Einsichten verläßt Klaatu die Erde. Zum Abschied mahnt er die Menschen zur Verantwortlichkeit und legt die Entscheidung für Frieden oder fortgesetzte Gewalt in ihre Hand.

Der Film enthält, für SF-Produktionen nicht untypisch, religiö-

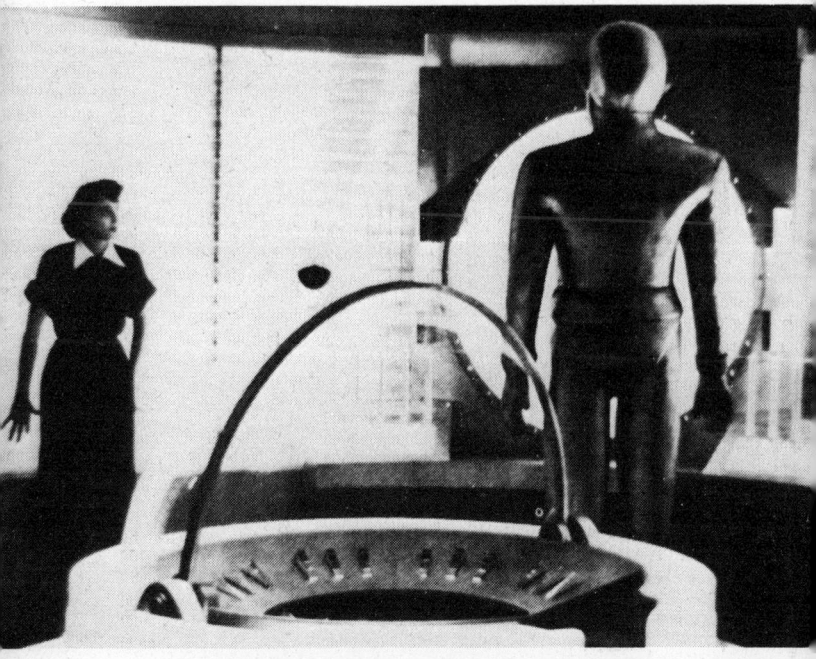

›The Day the Earth Stood Still‹ (Der Tag, an dem die Erde stillstand) – Patricia Neal und der Roboter im Raumschiff

80

›The Day the Earth Stood Still‹ (Der Tag, an dem die Erde stillstand) – der Außerirdische und das Militär

se Implikationen. Der Außerirdische Klaatu erscheint als von Gott gesandter Botschafter, der die Menschen zur Besinnung rufen soll. Sein gütiges, verständnisvolles Wesen und seine Opferbereitschaft rufen Reminiszenzen an die Figur Jesus Christus wach. Klaatu widerfährt »Kreuzigung« (durch den Schuß eines Soldaten) und anschließende »Auferstehung« (durch seinen allmächtigen Roboter Gort), bis er durch seine »Himmelfahrt« (Rückkehr zu seinem Planeten) die Menschen wieder sich selbst überläßt.

The Day the Earth Stood Still blieb leider ein positiver Ausnahmefall in der vom Kalten Krieg beeinflußten SF-Filmwelle. Plädoyers für Frieden, Verständigung und Toleranz wird man in den meisten anderen Science-Fiction-Filmen dieser Zeit wohl vergeblich suchen.

Während die Mehrzahl der in den 50er Jahren entstandenen In-

›Invasion U.S.A.‹ (Invasion gegen USA, USA 1952)

vasionsfilme ihre durchaus kriegstreiberischen Botschaften ver-
klausuliert in phantastischer Verkleidung darboten, wurde der
1952 von Alfred E. Green inszenierte Propaganda-Streifen *Invasion USA* (Invasion gegen USA) sehr konkret und zugleich entlar-
vend. Dort wird nämlich Alaska von feindlichen Streitkräften besetzt, Kalifornien bombardiert und San Francisco von Fallschirm-
springern eingenommen.

Ausgangsbasis für diese Visionen ist ein Thekengespräch in
einer New Yorker Bar, in der ein unbekannter Gast durch seine
suggestive Schilderung die Folgen eines fiktiven Atomkrieges zwischen der Sowjetunion und den USA bildlich vor den Augen aller
Anwesenden entstehen läßt. Daraufhin geloben seine Zuhörer,
sich auf den Ernstfall vorzubereiten. Während des Korea-Krieges
gedreht, sollte der Film »das Gefahrenbewußtsein in den Verei-

›Invasion U.S.A.‹ (Invasion gegen USA)

nigten Staaten verdichten« (so der Text des Presseheftes).

1953 entstand mit dem heute als Klassiker geschätzten *The War of the Worlds* (Kampf der Welten) einer der am sorgfältigsten inszenierten Invasionsfilme der 50er Jahre. Die Verfilmungsrechte des zugrundeliegenden berühmten Romans von H.G.Wells hatte die Paramount bereits 1925 für Cecil B. DeMille angekauft, bis der Stoff nach mehreren gescheiterten Anläufen von Produzent George Pal wiederentdeckt wurde. Als Regisseur wurde Byron Haskin engagiert, der sich wegen seiner jahrelangen special-effects-Erfahrung für den Film anbot. So verschlang dieser aufwendig gestaltete Bereich auch rund zwei Drittel des Zwei-Millionen-Dollar-Budgets (überwacht wurden die Spezialeffekte von Gordon Jennings). Die ursprünglich im ausgehenden 19. Jahrhundert angesiedelte Handlung wurde ebenso wie bei der legendären Hör-

83

spielfassung von Orson Welles, die am Abend des 30. Oktober 1938 eine Massenpanik verursachte, in die amerikanische Gegenwart verlegt. Zu Beginn des Films wird in wochenschauähnlichen Aufnahmen auf die zu erwartenden Schrecken eines »Kampfs der Welten« hingewiesen, welche die Verwüstungen der ersten beiden Weltkriege noch bei weitem übertreffen würden.

In Südkalifornien geht ein unbekannter Flugkörper nieder. Was man zuerst für einen Meteoriten hielt, entpuppt sich bald als ein außerirdisches Raumschiff. Die Menschen wollen die vermeintlichen Besucher aus dem All freundlich empfangen. Eine weiße Fahne schwenkend nähern sie sich dem Raumschiff, an dem sich mittlerweile ein Ausstieg geöffnet hat. Daraus kommt ein Tentakel zum Vorschein, der tödliche Strahlen aussendet und das Begrüßungskomitee zu Staub verwandelt: Die Marsianer sind angetreten, um die Erde zu erobern. Militär wird aufgefahren, aber es scheint keine Waffe zu geben, die den Kampfmaschinen vom Roten Planeten etwas anhaben könnte. Selbst der vom Präsidenten befohlene Einsatz der Atombombe erweist sich als wirkungslos.

Immer mehr Invasionsmaschinen landen und lassen die Welt förmlich in Trümmer gehen. Währenddessen ist der junge smarte Held (Gene Barry) bemüht, seine Geliebte zu retten. Doch die beiden werden im von Hysterie und Plünderungen beherrschten Los Angeles voneinander getrennt. In einer Kirche, in der sich die Menschen angesichts ihres bevorstehenden Todes versammelt haben, treffen sich die beiden Liebenden wieder. Während ihrer Umarmung verstummt draußen plötzlich der Lärm der Invasionsmaschinen. Eine nach der anderen stürzt zu Boden, der Spuk ist vorüber: die Marsianer sind tot. Vom Geist her Riesen, besaßen ihre Körper eine schwache Konstitution und keinerlei Abwehrstoffe. So gingen sie an den kleinsten Lebewesen der Erde zugrunde – den Bakterien.

War of the Worlds war technisch sicherlich besser als viele andere Filme seiner Zeit, dennoch lassen manche Trickaufnahmen ein gewisses Maß an Perfektion vermissen. Die marsianischen Kampfmaschinen gingen nicht wie in Wells Roman auf drei Stelzen, sondern schwebten, äußerlich einem Seerochen nicht unähnlich, frei in der Luft. Hierzu wurden die Modelle mit Drähten an der Studiodecke befestigt, die in einigen Szenen leider zu sehen sind. Als Aufsatz tragen die von »art director« Al Nozaki entworfenen Maschinen einen beweglichen Tentakel, der die später in den Film hineinkopierten Todesstrahlen aussendet.

Neben der aufgesetzten Liebesgeschichte, die auf Drängen des Studios eingebaut werden mußte, ist ein weiterer Schwachpunkt des Films, daß in einer Szene ein Marsianer selbst außerhalb seiner Maschine zu sehen ist. Das Äußere des einäugigen Fremdlings wurde von Charles Gemora erdacht, der das entsprechende Kostüm wegen seiner geringen Körpergröße auch selbst im Film tragen konnte. Durch diese überflüssige Szene wird der Reiz des völlig Unbekannten zerstört, der über dem Aussehen der Marsianer lag. Vernünftigerweise hätte man es bei der Schlußszene bewenden lassen sollen, in der lediglich der Arm eines Marsianers zu sehen ist, erst noch pulsierend, dann ersterbend. Daß ein Wissenschaftler anschließend versucht, den Puls zu messen, muß zu den

›The War of the Worlds‹ (Kampf der Welten, USA 1953) – Angriff der Marsianer

85

Absurditäten gezählt werden, die man wohl in Kauf nehmen muß. Bemerkenswert ist außerdem noch, daß, als im Film Hiobsbotschaften über Kampfhandlungen und Verwüstungen aus Ländern aller Kontinente eintreffen, kein kommunistisches Land dabei ist. Sollte hier vielleicht der Eindruck erweckt werden, die Kommunisten stünden mit den Marsianern auf einer Seite, so käme der Bezeichnung »Roter Planet« für den Mars eine doppelsinnige Bedeutung zu.

Mehr auf die Schaffung einer unheimlichen Atmosphäre als auf die Wirkung eines grob gestrickten Invasionsmärchens verließ sich Jack Arnold bei *It Came from Outer Space* (Gefahr aus dem Weltall, USA 1953).

In der Wüste Arizonas geht ein Flugkörper nieder, der, wie schon bei *War of the Worlds*, anfangs für einen Meteoriten gehalten wird. Der Amateurastronom John Putnam (Richard Carlson) ist allerdings davon überzeugt, daß es sich um ein UFO handelt, doch niemand will ihm Glauben schenken. Vielmehr wird er für verrückt und publicitysüchtig gehalten. Aber durch mysteriöse Ereignisse wird Putnam in seiner Meinung bestärkt: Menschen verschwinden spurlos und tauchen kurz darauf äußerlich unverändert, aber scheinbar unter dem Einfluß einer fremden Macht stehend wieder auf. Als auch Putnams Freundin Ellen Fields (Barbara Rush) gekidnappt wird, begibt er sich zur Absturzstelle des »Meteors«, einer stillgelegten Mine. Dort erfährt er die Wahrheit: Bei dem Flugkörper handelt es sich tatsächlich um ein außerirdisches Raumschiff. Die Insassen sind allerdings keine Invasoren im strengen Sinne, vielmehr mußten sie wegen eines Schadens an ihrer Flugmaschine auf der Erde notlanden. Um ihr Raumschiff möglichst schnell zu reparieren, entführten sie mehrere Menschen und verwandelten sich in deren Doppelgänger. So konnten sie ungehindert die zur Reparatur notwendigen Ersatzteile beschaffen. Als Putnam weiter in die Mine vordringen will, verstellt ihm ein Außerirdischer in der Gestalt von Ellen den Weg und zielt mit einer Strahlenwaffe auf ihn. Putnam erschießt ihn in Notwehr und kann zu den restlichen Extraterrestriern vordringen, deren Anführer Putnams Gestalt angenommen hat. Er kann sie überzeugen, die Gefangenen freizulassen und möglichst schnell mit ihrem wiederhergestellten Raumschiff zu verschwinden. Der Sheriff ist mittlerweile mit seinen Leuten angerückt und will die Mine stürmen. Doch Putnam versperrt ihm den Weg, indem er draußen an-

›It Came from Outer Space‹ (Gefahr aus dem Weltall, USA 1953)

gelangt den Stolleneingang sprengt. Derweil starten die Außerirdischen und verschwinden wieder im All. Irgendwann werden sie
vermutlich zurückkehren…

Regisseur Jack Arnold begann mit *It Came from Outer Space*
seine Karriere bei Universal, in der er noch mehrere herausragen-
de SF-/Horror-Filme (wie *The Creature from the Black Lagoon,
Tarantula, The Incredible Shrinking Man*) inszenieren sollte.

Der Film entstand nach einer Originalstory mit dem Titel »Meteor« von Ray Bradbury, die später allerdings verworfen wurde.
Das eigentliche Buch schrieb Harry Essex.

Während die Warner Brothers mit *House of Wax* (Das Kabinett
des Professor Bondi, USA 1953) gerade an einem 3-D-Horror-
Film arbeiteten, wählte die Universal für ihre erste 3-D-Produk-
tion einen SF-Stoff aus. So wurde *It Came from Outer Space* in

›It Came from Outer Space‹ (Gefahr aus dem Weltall)

einem damals gerade neu entwickelten Verfahren gedreht, bei dem die Zuschauer durch das Aufsetzen einer Spezialbrille, die jeweils an der Kinokasse zusammen mit der Eintrittskarte ausgegeben wurde, das Geschehen auf der Leinwand räumlich erleben konnten. Das System des dreidimensionalen Sehens, welches das Kino im Vergleich zu seinem Konkurrenten Fernsehen wieder attraktiver gestalten sollte, konnte sich nach anfänglichen Erfolgen langfristig betrachtet nicht durchsetzen. 3-D-Filme blieben die Ausnahme und wurden in späteren Jahren bis heute nur vereinzelt realisiert.

Mit *It Came from Outer Space* ist Arnold ein stilistisch ungewöhnlicher und interessanter SF-Film gelungen, der sein Hauptgewicht auf die Schaffung einer unheimlichen und von Bedrohung dominierten Atmosphäre legte.

Jack Arnold sagte hierzu: »Meiner Meinung nach ist der einzige Weg, das Publikum zur Annahme von etwas Unmöglichem zu bringen, der, es in eine Atmosphäre, eine Stimmung hineinzuziehen. Aus diesem Grunde machte ich regen Gebrauch von tatsächlichen Außenaufnahmen: Ich ließ sie für meine Geschichte arbeiten. Die meisten Szenen von *It Came from Outer Space* drehten wir draußen in der Wüste; nur die Innenaufnahmen sind im Studio entstanden, ebenso die Szenen in der Kleinstadt, die sich auf dem Universal-Gelände befand. Alles andere wurde draußen in der Wüste gefilmt, in einem Gebiet ungefähr zehn oder fünfzehn Meilen nördlich von Hollywood.«

Allein durch die geschickt eingefangene düstere Einsamkeit der verlassenen Landschaft erreicht der Film eine beängstigende Wirkung. Oftmals ließ Arnold auch mit subjektiver Kamera arbeiten, bei der das Geschehen durch die Augen eines Außerirdischen oder seines Opfers gezeigt wird, wodurch zusätzlich Intensität und Dramatik vermittelt wird.

Ebenfalls atmosphärisch dicht präsentierte sich im gleichen Jahr *Invaders from Mars* (Invasion vom Mars, USA 1953) von William Cameron Menzies, dem Mann, der 1936 den britischen SF-Film *Things to Come* inszeniert hatte.

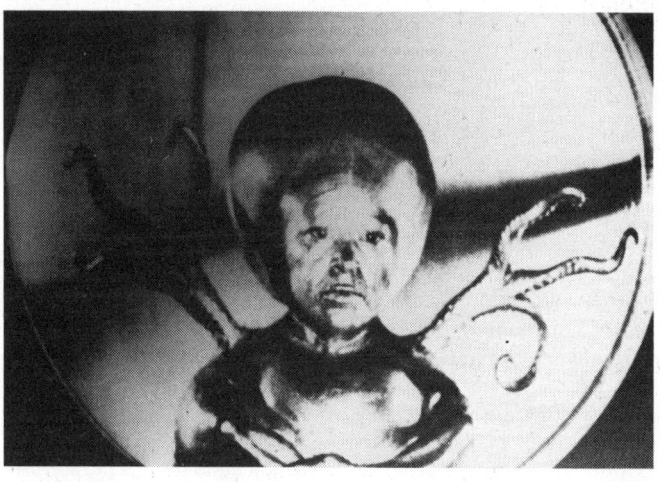

›Invaders from Mars‹ (Invasion vom Mars, USA 1953)

89

Im Mittelpunkt steht ein kleiner Junge (Jimmy Hunt), der eines Nachts zufällig beobachtet, wie eine fliegende Untertasse hinter dem Haus seiner Eltern landet und dort im Erdreich verschwindet. Als der Junge tags darauf seine Geschichte erzählt, wird er nur ungläubig belächelt. Zu seinem Entsetzen muß er in den darauffolgenden Tagen aber mitansehen, wie die Stadt langsam von den Außerirdischen übernommen wird. Sie lassen die Menschen zu willenlosen Puppen werden, indem sie ihnen Kristalle ins Gehirn einpflanzen. Nachdem auch die Eltern des Jungen übernommen worden sind, wendet er sich hilfesuchend an die örtliche Polizei, muß aber feststellen, daß auch sie bereits Opfer der teuflischen Invasion geworden ist.

Schließlich kann er eine Ärztin von der Wahrheit überzeugen, die daraufhin die Armee alarmiert. Die Außerirdischen werden in einem Tunnellabyrinth unter der Stadt aufgespürt und vernichtet.

Da wacht der Junge auf und erkennt, daß alles nur ein Alptraum gewesen ist. Doch das Happy End ist nur scheinbar, denn er blickt aus dem Fenster und sieht erneut eine Untertasse hinter dem Haus landen: Er ist der Gefangene eines ewigen Alptraums! Dieses Kindheitstrauma, daß einem plötzlich alle Menschen einschließlich der eigenen Eltern fremd sind, sollte wenige Jahre später von Don Siegel noch beklemmender in Szene gesetzt werden.

Aber auch Menzies gelang es mit seinem ausgesprochen billig produzierten *Invaders from Mars*, ein unheimliches Klima der Angst und Bedrohung zu schaffen. Allein schon die verzerrten Dekorationen lassen in jedem Schatten eine Gefahr erahnen.

Waren Science-Fiction-Filme bisher fast ausschließlich B-Pictures und Low-Budget-Produktionen gewesen, kam es zu Beginn der zweiten Hälfte der 50er Jahre zu einer neuen Entwicklung.

Mit *This Island Earth* (Metaluna 4 antwortet nicht, USA 1955) und *Forbidden Planet* (Alarm im Weltall, USA 1956) kamen zwei Filme heraus, die ungewöhnlich aufwendig und teuer produziert worden waren und somit auch aufsehenerregende Spezialeffekte vorweisen konnten.

Beide Filme spielten ihre hohen Kosten zwar wieder ein, waren insgesamt aber nicht erfolgreich genug, so daß der Gang zu großen SF-Produktionen gleich wieder gestoppt wurde, ehe er überhaupt richtig eingesetzt hatte. Welch gutes Geschäft sich mit SF-Großproduktionen machen läßt, wurde schlußendlich ja auch erst in unseren Tagen wiederentdeckt. Während *Forbidden Planet*

›This Island Earth‹ (Metaluna 4 antwortet nicht, USA 1955)

eher der Space Opera zuzurechnen ist, erzählt *This Island Earth* eine Invasionsgeschichte, enthält aber auch Elemente anderer Themenkreise der Science Fiction: So wird das Heil der Erde von Außerirdischen bedroht, eine Reise durchs All findet statt, außerdem bevölkern Monster & Mutationen die Szene, selbst ein Sternenkrieg zwischen zwei feindlich gesinnten Planeten ist inbegriffen. Die Naivität des Drehbuchs ist an vielen Stellen nicht zu übersehen. Allerdings muß in Betracht gezogen werden, daß die phantastischen Filme der damaligen Zeit fast ausschließlich – von einigen wenigen Ausnahmen einmal abgesehen – für ein jugendliches Publikum produziert wurden, worauf sich sogar die Filmtitel bezogen (*I Was a Teenage Frankenstein, I Was a Teenage Werewolf* etc.). Folglich hing der Erfolg eines Films davon ab, wie gut die Vorstellungen der Autokinos von popcornessenden und heimlich knutschenden Teenagern besucht wurden.

Eine furchteinflößende Szene auf der Leinwand war für viele sicherlich ein willkommener Anlaß, heimlich, still und leise den Arm um die Schultern der ersten Freundin zu legen. Gleichzeitig konnte man sich, im vom Vater geliehenen Wagen, vom Filmgeschehen fasziniert, den Genüssen von Hamburgern mit Ketchup hingeben. So besehen lassen sich viele Filme dieser Ära besser verstehen und einordnen. *This Island Earth* lag zwar kein sonderlich ausgereiftes Drehbuch zugrunde; der Film fasziniert aber schon allein durch seine visuelle Vielfalt.

Der Wissenschaftler Jack Meacham (Rex Reason) erhält über die Post mysteriöse Pakete, die Baupläne und elektronische Teile enthalten. Nach den beiliegenden Instruktionen baut er ein futuristisches Fernsehgerät, auf dessen Schirm nach der Fertigstellung ein weißhaariger Mann mit einer ungewöhnlich hohen Stirn sichtbar wird. Der Geheimnisvolle nennt sich selbst Exeter (Jeff Morrow) und teilt Meacham mit, daß er aufgrund seiner Fähigkeiten auserwählt sei, an einem geheimen wissenschaftlichen Projekt von großer Wichtigkeit mitzuarbeiten. Meacham willigt ein und wird bei Nacht und Nebel von einem Flugzeug abgeholt. Die Maschine fliegt ohne Piloten und bringt ihn in eine entlegene Gegend Georgias, wo Meacham eine Anzahl führender Wissenschaftler einschließlich seiner alten Schulfreundin Dr. Ruth Adams (Faith Domergue) vorfindet, mit der sich schnell wieder eine Romanze entwickelt. Als Meacham herausfindet, daß es sich bei Exeter und seinen Freunden um Außerirdische handelt, für die die irdischen Wissenschaftler künstliches Uran herstellen sollen, unternimmt er mit Dr. Adams einen Fluchtversuch, der allerdings zum Scheitern verurteilt ist. Ein Raumschiff verfolgt sie und nimmt ihr Flugzeug mittels eines grünen Strahls in sich auf. Die Reise geht daraufhin nach Metaluna 4. Exeters Heimatplanet befindet sich in einem interplanetarischen Krieg mit seinem Nachbarn Zahgon, der sich der Endphase zu nähern scheint.

Exeter hatte den Auftrag, auf der Erde nach wissenschaftlichen Talenten Ausschau zu halten, aber jede Hilfe kommt zu spät. Metaluna 4 ist nahezu entvölkert und durch das ständige Bombardement ferngesteuerter Meteoriten völlig verwüstet. Die Energien für den Strahlenabwehrgürtel sind erschöpft, es besteht kaum noch Hoffnung. Der Planet Metaluna 4 ist zum Untergang verurteilt, und die beiden Wissenschaftler von der Erde sollen dieses Schicksal teilen. Aber Exeter ist auf ihrer Seite. Als die Zahgonier zu einem letzten vernichtenden Angriff ansetzen, können sie zum Raumschiff entkommen, wobei Exeter von einem schrecklichen Mutantenwesen lebensgefährlich verletzt wird. Dennoch gelingt die Flucht: Meacham und Dr. Adams werden heil zur Erde zurückgebracht, während der sterbende Exeter sich mit seinem Raumschiff ins Meer stürzt.

This Island Earth wurde von Joseph Newman inszeniert, ist in Teilen aber auch ein Film von Jack Arnold, der auf Drängen des Universal-Produzenten William Alland mitten während der Dreharbeiten Newman ablöste und einige Szenen neu drehte.

›This Island Earth‹ *(Metaluna 4 antwortet nicht)*

Der Film enthält zahlreiche phantastische Trickaufnamen: Die Ankunft auf Metaluna 4, dessen Oberfläche ständig von Meteoriten bombardiert wird, gestaltet sich zu einer psychedelischen Lichtorgie, für die Clifford Stine (gleichzeitig Kameramann des Films) und Stanley Horsley verantwortlich zeichneten.

Der Mutant mit seinem überdimensionalen, von Adern durchzogenem Gehirn und den Scherenhänden wurde zu einem der bekanntesten Monster des Science-Fiction-Films. Das Kostüm kostete 24.000 Dollar.

This Island Earth offenbarte zum ersten Male eindrucksvoll, welche vielfältigen visuellen Möglichkeiten in diesem Genre steckten.

Der SF-Film schwamm mit der Invasionswelle in den 50er Jahren auf Erfolgskurs. Aber nicht nur in den Vereinigten Staaten, auch in England erfreute sich die Science Fiction wachsender Popularität.

1955 brachten die Hammer-Studios ihren ersten »Quatermass«-Film nach der gleichnamigen erfolgreichen BBC-TV-Serie von Nigel Kneale heraus. *The Quatermass Experiment* (Schock, GB 1955) lief in Amerika unter dem Titel *The Creeping Unknown*. Hier dreht es sich zwar auch um eine Gefahr aus dem All, die diesmal allerdings nicht von außerirdischen Invasoren, sondern vom Menschen selbst mit auf die Erde gebracht wird.

Der Film beginnt mit dem spektakulären Absturz eines Raumschiffes auf ein Farmgelände. Professor Quatermass (Brian Donlevy), der Leiter des englischen Raumfahrtprogramms, eilt sofort zur Unglücksstelle, findet allerdings nur noch einen der ursprünglich drei Astronauten lebend vor. Von den anderen beiden sind lediglich noch die leeren Raumanzüge vorhanden. Der überlebende Astronaut Victor Carroon (Richard Wordsworth) ist offensichtlich von einer seltsamen Krankheit befallen. Auf dem Weg ins Kankenhaus verliert er nach den Worten »Helft mir!« die Sprache. Seine Haut und sogar sein Knochengerüst scheinen einer Veränderung unterworfen zu sein. In der Klinik absorbiert er eine Kaktuspflanze, sein Arm verwandelt sich daraufhin in eine unförmige stachelbewehrte Masse. In panischer Angst flieht Carroon aus dem Krankenhaus hinaus in die Nacht, in der Vorahnung, daß er sich weiter verwandeln wird. Als schreckliches krakenähnliches Wesen kann er schließlich in Westminster Abbey gestellt und durch einen Elektroschlag getötet werden, ehe er sich durch in die

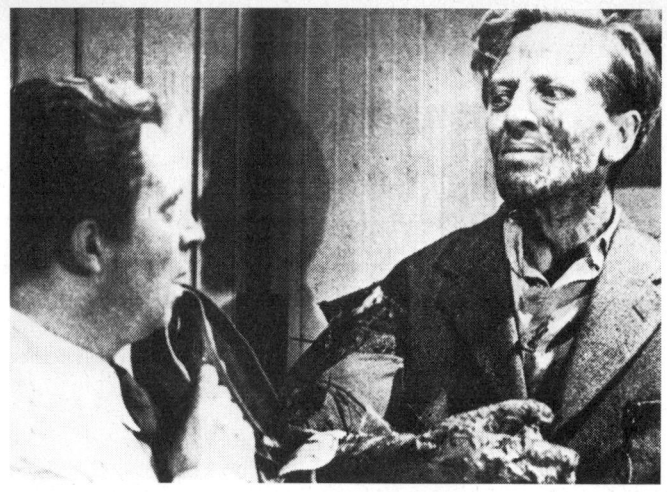

›The Quatermass Experiment‹ (Schock, GB 1955)

Luft freigesetzte Sporen weiter vermehren kann. Quatermass ist zwar erschüttert, plant aber so bald wie möglich einen erneuten Raumflug. *The Quatermass Experiment* mußte zwar mit einem kleinen Budget gedreht werden, wurde aber ein so großer Erfolg, daß die Hammer-Leute fortan fast ausschließlich SF- und Horror-Filme produzierten.

Die zur Verfügung stehenden geringen Mittel erlaubten keine kostspieligen Dekorationen, sondern zwangen zu einfallsreichen Tricks, die Regisseur Val Guest folgendermaßen beschreibt: »Das Raumschiff in der Anfangssequenz stellten wir auf das Gebiet beim Bray Studio. Es sah riesig aus, was es in Wirklichkeit aber gar nicht war; wir bauten nur den unteren Teil, der Rest wurde später dazugezeichnet (diese sogananante ›Matte‹-Technik wird auch heute noch angewandt). Ich benutzte die meiste Zeit Weitwinkelobjektive, um ein Gefühl von Größe zu erzeugen. Das gleiche machten wir mit Westminster Abbey in der Schlußsequenz. Die bauten wir auf der sogenannten großen Bühne des Bray Studios auf, die allerdings eher eine kleine ist. Dafür brauchten wir wirklich jeden Trick. Wieder bauten wir nur den unteren Teil der Dekoration und zeichneten nachher den Rest dazu. Den Kircheneingang errichteten wir auf dem Studiogelände, und wieder benutzte ich größtmögliche Weitwinkelobjektive. Es sind keine Aufnahmen von der echten Westminster Abbey im Film enthalten.«

Die Fortsetzung dieses erfolgreichen Films ließ nur zwei Jahre auf sich warten. Während sich bei *The Quatermass Experiment* noch eine Art umgedrehte Space Opera mit Motiven des Invasionsfilms paarte, ging es bei *Quatermass II* (Enemy from Space/ Feinde aus dem Nichts, GB 1957) um eine reine Invasionsstory.

Professor Quatermass (Brian Donlevy) und sein Assistent (Bryan Forbes) entdecken eine Invasion, nachdem ihnen die Unterstützung zu ihrem Weltraumprojekt verweigert wurde. Die Außerirdischen degradieren die Menschen zu Sklaven und bedienen sich ihrer Körper; die englische Regierung ist bereits zum größten Teil übernommen. Quatermass gelingt es aber, das Unheil abzuwenden. Er schneidet die Invasoren von ihrer Nahrungszufuhr ab und vernichtet ihr Raumschiff durch eine Rakete. Regie führte auch diesmal wieder Val Guest.

1967 kam dann mit *Quatermass and the Pit* (Das grüne Blut der Dämonen, Regie: Roy Ward Baker) der dritte und letzte Film um die Figur des englischen Professors heraus, auf den später noch einzugehen sein wird.

Die in Großbritannien hergestellten SF-Produktionen zeigten sich nicht so sehr durch antikommunistische Paranoia beeinflußt wie ihre amerikanischen Vorbilder, obwohl aus geopolitischer Sicht hier sicherlich eine größere »Berechtigung« bestanden hätte. Die britischen SF-Filme dokumentieren vielmehr ein für die Insel symptomatisches Problem: die Angst vor der Überhandnahme staatlicher Bürokratie bis hin zur geistigen Manipulation der Bürger (vgl. »1984«). So ist in *Quatermass II* die Regierung bereits auf seiten der außerirdischen Invasoren, welche nur dank des Einsatzes einiger mutiger Individuen besiegt werden können.

In *The Gamma People* (GB 1956, Regie: John Gilling) geht die Regierung eines fiktiven Landes sogar soweit, menschliche Versuchskaninchen mit Gammastrahlen zu verseuchen, um eine Steigerung der Intelligenz zu erreichen. Dieser Problematik unmoralischer staatlicher Versuche nahm sich Joseph Losey 1961 noch einmal auf höherem Niveau an.

Die übrigen britischen SF-Filme orientierten sich in ihren Inhalten deutlich an US-Vorbildern. So wurden auch hier die Gefahren der Wissenschaft und neuartiger Technologien (Atombombe, Raumfahrt) sowie die Möglichkeit einer extraterrestrischen Bedrohung thematisiert.

In *X – the Unknown* (XX unbekannt, GB 1956, Regie: Leslie Norman) wird durch einen Atombombentest in Schottland ein klumpenförmiges Monster in der Erde zum Leben erweckt.

In *The Trollenberg Terror* (Die Teufelswolke von Monteville, GB 1958, Regie: Quentin Lawrence) sitzen die »aliens« hinter Wolken verborgen auf einer Bergspitze, um von dort aus das Umland zu erobern. Einhalt geboten wird den tentakelbewehrten Invasoren durch Kampfflugzeuge der Vereinten Nationen.

Bei Robert Days *First Man into Space* (Rakete 510, GB 1959) kehrt ein Raumschiffpilot als bluttrinkendes Monster auf die Erde zurück.

Das vielleicht beklemmendste Beispiel für eine außerirdische Invasion inszenierte in den USA Don Siegel mit *Invasion of the*

›Invasion of the Body Snatchers‹ (Die Dämonischen, USA 1956) – Dana Wynter, Carolyn James, Kevin McCarthy

Body Snatchers (Die Dämonischen, USA 1956), den Filmkritiker und Regie-Kollege Peter Bogdanovich als »den besten und zugleich erschreckendsten Science-Fiction-Film, der jemals gedreht wurde«, bezeichnete.

Invasion of the Body Snatchers, der in Deutschland auch unter dem Titel »Invasion der Körperfresser« lief, ist ein ausgesprochenes B-Picture, das mit minimalem Budget entstand und innerhalb von nur 14 Tagen abgedreht wurde. Dennoch wurde der anfangs in der Flut von Invasionsstreifen übersehene Film verdientermaßen zu einem wahren Klassiker des SF-Kinos. Das Ungewöhnliche und Beeindruckende: Die Invasoren sind keine ekelerregenden Monstrositäten aus dem All, sondern körperlose Wesen, die später von Menschen rein äußerlich nicht mehr zu unterscheiden sind.

In Santa Mira, einer typischen kalifornischen Kleinstadt, ereignen sich merkwürdige Vorfälle. Immer mehr Menschen scheinen plötzlich seelenlos und ihrer Gefühlswelt beraubt zu sein. Dr. Miles Bennell (Kevin McCarthy) und seine Braut Becky Driscoll (Dana Wynter) stehen diesen Verwandlungen verständnislos gegenüber, bis sie das grauenhafte Geheimnis entdecken. Riesige Samenkapseln aus dem Weltall bilden aus ihrem blasigen Fleisch menschliche Körper nach, um später die Originale zu übernehmen und aus ihnen seelenlose Roboter zu machen. Bald ist die gesamte Stadt im Bann der unheimlichen Invasion. Alle Telefonverbindungen zur Außenwelt sind unterbrochen. Miles flieht zusammen mit Becky in die Berge. Sie werden von einer haßerfüllten Menge verfolgt. Erschöpft brechen beide zusammen, und Becky schläft für einige Sekunden ein. Als Miles sie daraufhin in die Arme nimmt und küßt, kommt es zu einer der erschreckendsten Szenen im ganzen Film. Er wird von ihrer Kälte abgestoßen, und als Becky die Augen öffnet, starrt ihm blanker Haß entgegen. Die Verwandlung hat auch bei ihr bereits stattgefunden! Mit einem gellenden Schrei ruft sie seine Verfolger herbei.

Miles flieht weiter und gelangt mit letzter Kraft zur Autostraße. In einer alptraumhaften Sequenz schreit er mitten im Strom der Autos immer wieder: »You're next! You're next!« (Ihr seid die Nächsten!)

Nach dem Willen des Regisseurs Don Siegel sollte der Film mit dieser Szene enden, was den Produzenten dann aber doch zu pessimistisch und hoffnungslos erschien. So wurde noch ein Schluß

›Invasion of the Body Snatchers‹ (Die Dämonischen, USA 1956) – die Flucht

angehängt, der die Möglichkeit einer Rettung offenläßt. Miles wird von einem Polizisten aufs Präsidium der Nachbarstadt gebracht. Dort kann er die Behörden vom Ernst der Lage überzeugen, nachdem ein umgestürzter LKW entdeckt worden ist, dessen Ladung aus riesigen Samenkapseln bestand.

Invasion of the Body Snatchers nach dem gleichnamigen Roman von Jack Finney ist dank Siegels brillanter, nahezu dokumenta-

›Invasion of the Body Snatchers‹ (Die Dämonischen) – das Ende

risch anmutender Regie perfekt gelungen. Nie wieder wurde das
SF-Thema einer Invasion so erregend und subtil auf der Leinwand
gestaltet.

Der Film wurde oft (und vermutlich auch zu Recht) als Parabel
auf die in den USA betriebene Kommunistenhetze interpretiert.
Die Atmosphäre, in der sich Dr. Miles Bennell, der Held des
Films, wiederfindet, wandelt sich von der anfänglichen Klein-
stadt-Idylle bis zur totalen Beklemmung, wo er am Schluß völlig
isoliert einer feindlichen Gesellschaft gegenübersteht. Sein ver-
zweifelter Ruf »You're next!« könnte als Warnung vor einer
schleichenden ideologischen Vergiftung des amerikanischen Volkes verstanden werden, wenn man nicht rechtzeitig geeignete Ge-
genmaßnahmen ergreift.

Don Siegel selbst will von all diesen Deutungen nichts wissen.
Ihm ging es um Entmenschlichung und Aufhebung des Individua-
lismus, wie sie in allen Systemen, ob nun faschistischer, kapitali-
stischer oder kommunistischer Natur, auftreten.

100

Mit der Gefühllosigkeit der Personen im Film wollte er seine eigenen Mitmenschen charakterisieren, vor allem aber auch die Filmbosse in Hollywood. »Sie aßen, tranken, atmeten und lebten dumpf animalisch – viele Leute sind so.« *(Siegel)*

Die inhaltlichen wie formalen Qualitäten von *Invasion of the Body Snatchers* blieben leider die Ausnahme. Das Durchschnittsniveau der damals produzierten SF-Filme muß wesentlich tiefer angesetzt werden. Diese Tatsache dürfte mit ein Grund für die schlechte Reputation sein, die das Genre auch heute teilweise noch genießt.

Kaum noch erträgliche Invasionsgeschichten produzierte Roger Corman mit *It Conquered the World* (USA 1956) und *Not of this Earth* (Gesandter des Grauens, USA 1956).

In *The 27th Day* (Der 27. Tag, USA 1956) von William Asher nach einem Buch von John Mantley soll sich die Menschheit gar nach dem Wunsch einer fremden Rasse selbst vernichten. Zu diesem Zwecke erhalten fünf Menschen verschiedener Nationalität je eine Superwaffe, mit der sie jedes Leben auf der Erde auslöschen können. Wie der Film es will, vernichten sich die Russen durch einen Fehler selbst, und mit den Außerirdischen kommt es zu einer friedlichen Einigung.

Ausgesprochen aggressiv ging es mit der Billigproduktion *Earth Vs. the Flying Saucers* (Fliegende Untertassen greifen an, USA 1957) von Fred F. Sears auf der Leinwand zu. Der Film machte sich die in Amerika herrschende UFO-Hysterie zunutze, indem er die Menschheit durch Außerirdische mit ihren Flugobjekten bedrohen läßt. Doch schnell wird eine neuartige Wunderwaffe entwickelt, mit der die roboterähnlichen Invasoren vernichtet werden. Einmal mehr konnte die Gefahr abgewendet werden. Sehenswert sind allenthalben die Trickaufnahmen von Ray Harryhausen.

Auch die Japaner hatten unter Bedrohungen aus dem All zu leiden. In *Chikyu Boeigun* (Weltraum-Bestien/Phantom 7000, Japan 1957) können sie stellvertretend für die Menschheit einen außerirdischen Angriff abwehren. Regie führte der von einschlägigen Monsterproduktionen her bekannte Inoshira Honda.

Ein wenig friedvoller ging es da in *The Space Children* (USA 1958) von Jack Arnold mit Kinderstar Jackie Coogan in der Hauptrolle zu. Kinder entdecken einen Klumpen aus dem Weltraum, der ihnen eine ›love-not-war‹-Botschaft übermittelt. Das

›Earth Vs. The Flying Saucers‹ (Fliegende Untertassen greifen an)

extraterrestrische Superwesen übernimmt einige der Kinder, um das Atomwaffenprojekt zu sabotieren, mit dem ihre Väter beschäftigt sind.

Ein Kind steht auch im Mittelpunkt bei *The Invisible Boy* (USA 1958). Ein Junge (Richard Eyer) erhält von seinem zeitreisenden Onkel die Teile eines Roboters aus der Zukunft, die er zu dem aus *Forbidden Planet* bekannten Roboter »Robby« zusammensetzt. Ein gigantischer Computer, der die Erde bedroht, erringt auch die Kontrolle über Robby. Als er ihm jedoch den Befehl erteilt, den Jungen zu töten, setzen sich die Robot-Gesetze wieder einmal durch. Robby zerstört das bedrohliche Elektronengehirn und rettet somit die Menschheit. Regie führte Herman Hoffman nach einer Originalvorlage von Edmund Cooper.

An der Grenze des Zumutbaren steht *The Blob* (Blob – Schrekken ohne Namen/Angriff aus dem Weltall, USA 1958). Eine Gruppe Teenager (u.a. der nicht mehr ganz jugendliche Steve McQueen) wird mit einem Klumpen Protoplasma aus dem Weltraum konfrontiert, der innerhalb kurzer Zeit auf die Größe eines Hauses anwächst. Ironischerweise taucht der aggressive »Blob« im örtlichen Autokino auf, wo gerade ein für die 50er Jahre typischer Monsterstreifen über die Leinwand flimmert. Gegen Ende des Films wird dem »Blob« buchstäblich der Kalte Krieg erklärt. Er wird eingefroren und in die Antarktis verfrachtet. Dies alles fand statt unter der Regie von Irvin S. Yeaworth.

Noch viele weitere als die hier bisher aufgeführten Science-Fiction-Filme beschäftigten sich in den 50er Jahren im weitläufigen Sinne mit dem Thema einer außerirdischen Bedrohung. Da sich die mit minimalstem Aufwand produzierten Streifen aber an Primitivität und Einfallslosigkeit bei Idee und Durchführung gegenseitig überboten, bedarf es keiner näheren Besprechung.

Strickmuster und Handlungsablauf der einzelnen Invasionsfilme, durch die bewußt oder unbewußt eine ideologische Konditionierung des breiten Publikums betrieben wurde, ähnelten sich ohnehin.

›Earth Vs. The Flying Saucers‹ (Fliegende Untertassen greifen an, USA 1956)

Entweder sind es Randgebiete der Zivilisation (Wüste, Antarktis etc.) oder typische amerikanische Kleinstädte, über die unvermutet wie aus heiterem Himmel das Unheil hereinbricht. Gefährdet ist immer die saubere, heile amerikanische Welt, in der die Kinder ihre Eltern noch lieben und die Menschen ohne Zwietracht zusammenleben. Diese Welt, die jeder Kinozuschauer als seine eigene Realität akzeptieren sollte, wurde jeweils in den Anfangsszenen der Filme in schönen Farben ausgebreitet. Die außerirdische Bedrohung trat in zwei Spielarten auf:

- *Die militante, offen aggressive Invasion*, die klar zeigte, wo der Feind und seine Waffen standen. Kennzeichnend für diese Filme sind forsches und erfolgreiches Auftreten der Militärs sowie kernige Sprüche, mit denen markige Männer sich ihr Zusammenstehen beteuern. Unschwer lassen sich hinter den Masken der extraterrestrischen Finsterlinge kommunistische Soldaten ausmachen.
  Filme dieser Form symbolisieren die Furcht vor einer militärischen Bedrohung aus dem Osten.
- *Die heimliche, schleichende Invasion*, bei der der Feind sich unentdeckt in den eigenen Reihen befindet.
  Die Menschen werden »übernommen« und zu Werkzeugen der Invasoren umfunktioniert. Hier äußert sich die Angst vor der ideologischen Unterwanderung und Infiltration des amerikanischen Volkes durch kommunistisches Gedankengut, wobei das US-System zu der Zeit latent ebenso von faschistischen Tendenzen bedroht war.

Die wohl weniger bewußt forcierten, aber in Ansätzen immer vorhandenen Absichten, die über die Invasions-Thematik des SF-Films transportiert wurden, sind eindeutig.

Das Gefahrenbewußtsein des zur Zeit des Kalten Krieges hochsensibilisierten Amerikas sollte weiter verstärkt werden. Durch die ständige Betonung und gleichzeitig einhergehende Mystifizierung einer militärischen sowie ideologischen Gefahr von außen sollte die Furcht und damit der Zusammenhalt bestärkt werden.

Durch das Einschwören auf eine einheitliche Linie wegen einer außenpolitischen Gefahr kann der Blick auf eigene innenpolitische Mißstände geschickt verdeckt werden. Zudem wurde das System der gegenseitigen Bespitzelung in unerträglichem Maße ge-

›The Space Children‹ (USA 1958)

fördert. Jeder wurde als potentieller Kommunist verdächtigt, der sich bisher vielleicht nur noch nicht zu erkennen gegeben hatte.

Das Ziel war erreicht: Die Menschen standen sich in ihrer neurotischen, an Verfolgungswahn grenzenden Furcht mißtrauisch gegenüber und handelten nach der Devise: »Watch the Sky!«

Monster und Mutationen (I) – Die Welt der Insekten

In den 50er Jahren, die aus heutiger Sicht als ein Zeitalter der Restauration betrachtet werden müssen, fanden im SF-Film Bedrohungen nicht nur durch außerirdische Invasoren, sondern auch durch sogenannte Monster und Mutationen statt. In einer Zeit der Verteufelung politisch Andersdenkender entsprach der SF-Film damit den im Unterbewußtsein des amerikanischen Publikums (und Science Fiction war in den 50er Jahren eine fast rein amerika-

›Them!‹ (Formicula, USA 1954)

nische Angelegenheit) verankerten Gedanken und Ängsten. Kritik an der eigenen Obrigkeit oder an den bestehenden Zuständen war selbst in begrenztem Rahmen kaum möglich und schon gar nicht erwünscht. Statt dessen durften die Zuschauer auf der Leinwand den Einbruch des personifizierten Unamerikanischen in ihre saubere, heile, starre Welt erleben.

Herhalten mußten hierfür in vielen Filmen Insekten, die durch äußere Einwirkungen (häufig durch radioaktive Strahlung) zu riesenhafter Größe anwuchsen und die Menschheit bedrohten.

Als besonders dankbar erwiesen sich hierbei Spinnen und Heuschrecken, verbindet sich doch einerseits ein automatisches Abscheugefühl mit ihnen, andererseits sind sie von den biblischen Katastrophen oder aus der politischen Propaganda her alles andere als unbekannt. Man denke nur an die Heuschreckenplagen aus dem Alten Testament oder an die Gleichsetzung von Juden mit Ungeziefer durch die Nationalsozialisten.

Ein charakteristisches und gleichzeitig das erste Beispiel für diese Thematik ist der 1954 von Gordon Douglas inszenierte Film *Them!* (Formicula). Nachdem im Wüstengebiet von Neu-Mexiko Atombombenversuche unternommen worden waren, kommt es bei Ameisen, deren Erbanlagen verändert wurden, zu gigantischen Mutationen. Diese Riesenameisen gelangen bis in die Kanalisation von Los Angeles, ehe sie endgültig vernichtet werden können.

Them! enthält sämtliche typischen Merkmale des amerikanischen Monsterfilms der 50er Jahre.

Die Mutationen sind das Ergebnis einer Rache der Natur oder einer zivilisatorischen Fehlentwicklung (radioaktive Strahlung). Sie kommen aus entlegenen Gebieten (in diesem Fall die Wüste) und bedrohen die Menschheit, gehen dabei allerdings nie über die Grenzen der USA hinaus.

Die Schuld an der Katastrophe trägt in vielen Fällen die unselige Allianz von Wissenschaft und Militär, die im Verlauf des Films dazu aufgerufen ist, die Sache wieder zu bereinigen und die selbst verursachten Fehler zu korrigieren. Mit einiger Mühe kann dieser Tatbestand als Kritikandeutung gewürdigt werden. Das System macht zwar Fehler, die aber im Endeffekt auch wieder vom System korrigiert werden.

Das Bild des Wissenschaftlers hat sich vom »Mad Scientist« ausgehend kaum zum Positiven hin entwickelt. Vielmehr wird er als

›Them!‹ *(Formicula)*

kauziger, verschrobener Einzelgänger charakterisiert, der oftmals in unfähiger Faszination seinen eigenen (bzw. von ihm zum Leben erweckten) Geschöpfen gegenübersteht. In der Regel ist es dann die Aufgabe der Militärs, die Angelegenheit wieder ins rechte Lot zu bringen. Unter Einsatz aller Waffengewalt wird die Bedrohung aus der Welt geschafft; die Armee in der paradoxen Rolle eines Lebensretters bzw. Weltbewahrers.

In Jack Arnolds *Tarantula* (Tarantula, USA 1956) entwickelt Professor Deemer (Leo G. Carroll) ein Serum, welches das Größenwachstum beeinflußt. Dieses Mittel wird einer Tarantel injiziert, was natürlich nicht ohne Folgen bleibt.

Waren es in *Them!* Flammenwerfer und MGs, so wird der Riesenspinne in *Tarantula* mittels Napalm der Garaus gemacht. Vor dem Hintergrund des Krieges in Korea werden die Feindbildbezüge überdeutlich. Durch die propagandistische Insekten-Symbolik werden die militärischen Konflikte (wie später auch beim Viet-

›Tarantula‹ *(Tarantula, USA 1956) – Leo G. Carroll*

108

›Tarantula‹ (Tarantula)

nam-Krieg) zu einem hygienischen Problem herabgewürdigt. Die
logische Konsequenz ist die völlige Ausrottung des Feindes, der
verbrannt, vergast, auf jeden Fall vernichtet werden muß. Die
Welt muß wie bei einer »Säuberungsaktion« von diesem »Ungeziefer« befreit werden, mit dem zweifelsohne Koreaner oder ganz
einfach Kommunisten gemeint waren.

Tricktechnisch gesehen waren *Them!* und *Tarantula* überzeugend und sorgfältig gemacht.

Bei *Them!* wurde mit Modellen gearbeitet. Spezialeffektmann
Dick Smith baute zwei der Riesenameisen in Originalgröße, eine
komplett, von der anderen nur Kopf und Vorderteil. Kopf, Fühler
und Kiefer waren voll beweglich, wodurch realistische Aufnahmen ermöglicht wurden.

Für die Aufnahmen des riesigen Insektenmonsters in *Tarantula*
benutzte man eine echte Spinne. Die Außenaufnahmen entstan-

109

›The Deadly Mantis‹ (USA 1957)

den in der gleichen Gegend, in der bereits *It Came from Outer Space* abgedreht worden war. Die gleiche Landschaft baute man in verkleinertem Maßstab im Studio nach, in der sich nun die Tarantel bewegen durfte. Durch den Einsatz kleiner Luftdüsen konnte in etwa die Laufrichtung der Spinne bestimmt werden. Clifford Stine sorgte mit seiner Trickkamera für erschreckende Aufnahmen. Meistens wurde die Spinne gegen einen schwarzen Hintergrund aufgenommen und später in die Szenen mit den menschlichen Akteuren hineinkopiert.

Die zahlreichen nachfolgenden Filme brachten keine inhaltlichen oder thematischen Neuerungen mehr. Es dominierten die Produkte so ausgesprochener Billigfilmer wie Roger Corman, Herrman J. Cohen oder Bert I. Gordon, die längst Bekanntes unentwegt immer wieder aufwärmten. Daß sie dennoch ihr Publikum fanden, zeigt, wie sehr sie einer gewissen Zeitstimmung entsprachen. Immer wieder mutierten Tiere und Insekten und legten aggressive oder gar kannibalistische Verhaltensweisen an den Tag.

In *The Deadly Mantis* (USA 1957, Regie: Nathan Juran) sind es Riesenheuschrecken, die bis nach New York vordringen, ehe sie von den Militärs mit Zyanid-Bomben vergast werden.

Bei *The Black Scorpion* (USA 1957, Regie: Edward Ludwig) wird Mexiko durch eine Horde von Riesenskorpionen bedroht, die bis auf eine Ausnahme durch das Militär vernichtet werden können. Der letzte gelangt noch in bewohntes Gebiet, bevor er in einem abschließenden Duell mit einem Militärhubschrauber den Tod findet.

Bei *Beginning of the End* (USA 1957, Regie: Bert I. Gordon) sind durch radioaktive Einwirkung wiederum Riesenheuschrecken entstanden, die nach Chicago gelangen, und gegen die erstaunlicherweise sogar das Militär machtlos ist. Neben schlampigen Trickaufnahmen (Realaufnahmen von Heuschrecken werden

›Beginning of the End‹ (USA 1957)

einkopiert) bietet der Film eine neue Version des Rattenfängers von Hameln. Mittels elektronischer Hochfrequenztöne werden die unliebsamen Mutationen ins Meer gelockt.

In *Attack of the Crab Monsters* (Angriff der Krabbenmonster, USA 1957) von Roger Corman sind es riesige Krabben, die auf einer einsamen Pazifikinsel die Bewohner terrorisieren, während in *The Monster from Green Hell* (USA 1957, Regie: Kenneth Crane) Riesenwespen ihr Unwesen treiben.

Atomexperimente führen in *The Monster That Challenged the World* (Alarm für Sperrzone 7, USA 1957) von Arnold Laven zu riesigen Seeschnecken, die neben der wiederholten Rettung Amerikas auf der Leinwand keine Neuerung mehr brachten.

Interessanterweise wurde in der zweiten Hälfte der 70er Jahre wieder versucht, mit Filmen dieser Thematik Horrorstimmung zu erzeugen. Wurde in den 50er Jahren die latente Furcht vor der Atombombe als Vorwand benutzt, so mußten zwanzig Jahre später im Zeitalter eines angeblich vorhandenen ökologischen Bewußtseins Umweltkatastrophen oder gar genetische Experimente dafür herhalten, um das Vorhandensein der Mutationen zu erklären. Die Filmemacher sind nicht an wahren Problemstellungen interessiert, sondern benötigen lediglich Aufhänger für ihre furchteinflößenden Produkte.

Um ein mißglücktes wissenschaftliches Experiment, bei dem ein Insekt eine Rolle spielt, geht es in dem 1958 von Kurt Neumann inszenierten Film *The Fly* (Die Fliege).

Der Erfinder André Delambre (David Hedison) entwickelt einen Transmitter, mit dem er Dinge ent- und rematerialisieren kann. Ein Selbstversuch wird zur Katastrophe, als sich mit ihm eine Fliege im Transmitter befindet. Durch die Vermischung der Atome erhält Delambre einen Fliegenkopf und einen Fliegenarm. Nur wenn er die Fliege mit Menschenkopf wiederfindet, kann das verhängnisvolle Experiment rückgängig gemacht werden. Als dies nicht gelingt, wählt Delambre mit Hilfe seiner Frau Helene (Patricia Owens) den Freitod unter einer riesigen Stahlpresse.

Die Schlußszene des Films spielt in Delambres Garten. Aus einem Spinnennetz schreit eine Fliege mit Menschenkopf kaum hörbar um Hilfe, während die Spinne unaufhaltsam näherkommt. Inspektor Charas (Herbert Marshall), der den Fall untersucht, wird durch den Anblick so erschreckt, daß er Spinne und Fliege mit einem Stein erschlägt.

›The Fly‹ (Die Fliege, USA 1958) – Vincent Price

The Fly entstand nach einer gleichnamigen Kurzgeschichte von George Langelaan. Der ein Jahr später entstandenen Fortsetzung *Return of the Fly* (Rückkehr der Fliege, USA 1959, Regie: Edward L. Bernds) war kein so großer Erfolg mehr beschieden.

Ein Jahr vor *The Fly* entstand bereits ein Film, dessen Wirkung ebenso wie bei den Insektenfilmen auf veränderten Größenverhältnissen beruht. Allerdings wachsen in Jack Arnolds *The Incredible Shrinking Man* (Die unglaubliche Geschichte des Mr. C., USA 1957) nicht die Insekten, sondern der Mensch schrumpft.

Die Hauptperson Scott Carey (Grand Williams) verliert durch den Kontakt mit einer radioaktiven Wolke zunehmend an Größe, bis er nur noch wenige Zentimeter mißt und am Ende gar zu einem Teil des Mikrokosmos wird. Diese zwar unglaubwürdige, tricktechnisch aber recht reizvolle Geschichte basiert auf dem Roman »The Shrinking Man« von Richard Matheson, der auch selbst das Drehbuch verfaßte.

113

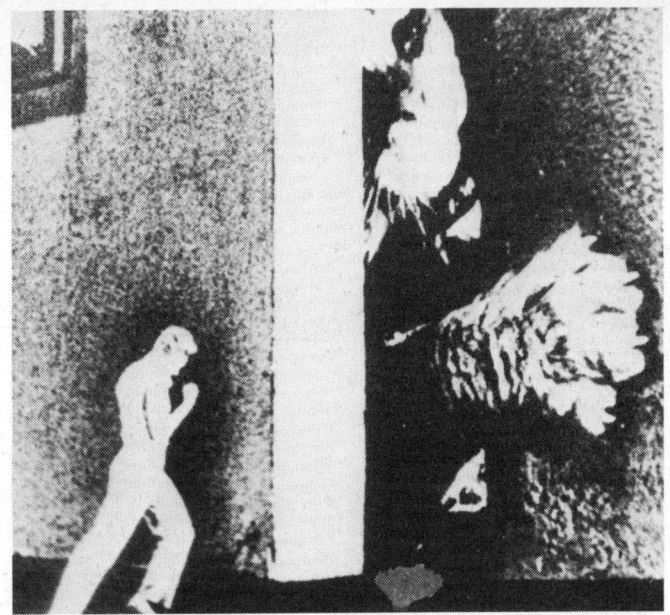

›The Incredible Shrinking Man‹ (Die unglaubliche Geschichte des Mr. C.,
USA 1957)

The Incredible Shrinking Man, den viele Kritiker für Jack Arnolds besten Film halten, symbolisiert die unbewußte Angst des
Mannes vor dem weiblichen Geschlecht.

Scott Carey schrumpft immer weiter und wird damit seiner Frau
Louise (Randy Stuart) rein äußerlich immer unterlegener. Er
wird im übertragenen Sinne impotent; seine Frau ist sexuell an
ihm nicht mehr interessiert. Schließlich verfrachtet sie ihn sogar in
ein Puppenhaus neben der Treppe. Als sie Einkäufe erledigt,
bleibt durch eine Unachtsamkeit die Tür offen, so daß die Haus-
katze Scotts Leben bedroht. Auf der Flucht vor dem zur Bestie ge-
wordenen Haustier fällt Scott die Kellertreppe hinunter, die er
aus eigener Kraft nicht wieder erklettern kann. In diesem einsamen und dunklen Verlies, als das er den Keller empfindet, kommt
es zu einem Kampf mit einer Spinne, die Scott mit einer Nadel töten kann. Die Spinne ist ebenso wie die Katze ein Symbol für die

als Gefährdung empfundene erotische Weiblichkeit. In der Traumdeutung steht die Spinne als Symbol für Kastrationsangst, die Scott durch die Tötung überwinden und somit zu einem Neuanfang gelangen kann. In der Schlußszene des Films, als Scott immer weiter schrumpft und durch ein Fliegengitter hinaus ins Freie treten kann, steht er seiner Zukunft aufgeschlossener gegenüber.

Tricktechnisch wurde der Schrumpfungsprozeß durch immer größere Dekorationen glaubhaft gemacht. Für die Spinne fand wiederum eine echte Tarantel Verwendung, die mittels Luftdüsen dirigiert wurde. Die Spezialkamera bediente Clifford Stine.

Artikulierte *The Incredible Shrinking Man* männliche Sexualängste, so nahm sich *I Married a Monster from Outer Space* (USA 1958, Regie: Gene Fowler jr.) den weiblichen an. Das Mißtrauen in den Beziehungen zwischen Mann und Frau war seit der Schwarzen Serie nichts Neues mehr, wobei die Partner meistens kalt und gefühllos handelten.

In *I Married a Monster from Outer Space,* ähnlich wie beim titelverwandten *I Married a Communist* (USA 1949, Regie: Robert Stevenson), entpuppt sich der Ehepartner als Agent einer außerirdischen/kommunistischen Invasionsmacht, der lediglich an der

›The Incredible Shrinking Man‹ *(Die unglaubliche Geschichte des Mr. C.)*

Ausnutzung der Frau interessiert ist. Diese Filme gehen nicht von äußeren Bedrohungen aus, sondern zeigen in verschlüsselter Form, wie sehr die eigene Gemeinschaft, insbesondere die zwischenmenschlichen Beziehungen in Unordnung geraten sind.

Schon *Attack of the 50 Foot Woman* (USA 1957, Regie: Nathan Juran, der in den »Credits« als Nathan Hertz auftaucht) hatte sich diesem Thema angenommen. Die Titelheldin, eine aus einer Nervenheilanstalt entlassene Frau, kommt in Kontakt mit einer außerirdischen UFO-Besatzung, worauf sie zu riesenhafter Größe anwächst. Als Riesin will sie sich an ihrem Mann rächen, der ein Verhältnis mit einer anderen hat. Die großen kollektiven Bedrohungen, die Anfang der 50er Jahre die Leinwand beherrscht hatten, wurden gegen Ende des Jahrzehnts zugunsten individueller Traumata (wie Angst vor Beziehungslosigkeit oder Impotenz etc.) verdrängt.

Monster und Mutation (II) – Die Saurier aus der Urzeit

Neben den zu riesenhafter Größe mutierten Insekten kennt der Science-Fiction-Film noch andere Monster: riesenhafte Echsenkreaturen, inspiriert durch die Saurier aus der Urzeit unseres Planeten.

Vor über 100 Millionen Jahren erzitterte die Erde unter ihren schweren Schritten; heute lassen allein ihre Überreste in den Museen den Betrachter eine ungeheure Stärke und Größe erahnen.

Die Riesensaurier, phantastische Geschöpfe, Launen der Natur, starben in der Kreidezeit des Spätmesozoikums aus bis heute unbekannten Gründen aus. Die Nachfahren der einst unumschränkten Herrscher über diesen Planeten bevölkern in unseren Tagen nur noch die Leinwand.

In den 50er Jahren waren sie ein beliebtes Motiv des Science-Fiction-Films und mithin eine Herausforderung für die Tricktechniker, die das Erscheinen dieser gewaltigen Urzeitriesen möglichst glaubhaft und realistisch in Szene setzen mußten.

Bildeten die Saurier in den sogenannten Expeditionsfilmen noch ein tiefenpsychologisches Szenarium, so fiel ihnen in den Monsterfilmen der 50er Jahre eine andere symbolträchtige Bedeutung zu.

116

In Filmen wie *King Kong* (King Kong und die weiße Frau, USA 1933) oder *The Lost World* (Die verlorene Welt, USA 1925 und Versunkene Welt, USA 1960, nach dem gleichnamigen Roman von Arthur Conan Doyle) sind es immer wieder Expeditionen weißer zivilisierter Männer (eventuell in Begleitung einer Frau), die in unzugängliche Gebiete mit noch prähistorischen Verhältnissen eindringen. Einmal ist es eine unbekannte Insel im Südpazifik, ein anderes Mal ein vergessenes Hochplateau in Südamerika, wo die Riesenechsen für den Zuschauer noch einmal zum Leben erweckt werden. Die vordergründige naive Abenteuerlichkeit dieser Filme gewinnt bei näherer Betrachtung tiefere psychologische Dimensionen.

In den Monsterfilmen der 50er Jahre gaben sich die Saurier allerdings nicht mehr damit zufrieden, die versteckten Ängste eines triebbeherrschten menschlichen Unterbewußtseins zu illustrieren.

Die weiße zivilisierte Rasse brauchte sich nicht mehr auf den mühsamen Marsch in entlegene Gegenden zu machen; die Monster kamen jetzt vielmehr in die Metropolen der kapitalistisch orientierten westlichen Welt.

Existent waren sie immer: im Eis der Arktis, unter dem Meeresgrund oder sonstwie verborgen; geweckt wurde diese schlafende Gefahr (eine Analogie zur latenten Furcht vor der Atombombe) durch den Menschen selbst. Mit ihnen artikulierte sich die Furcht vor zivilisatorischen Fehlentwicklungen. Wurden die Insekten in den amerikanischen SF-Filmen dieser Zeit als propagandistisches Feindbild mißbraucht, verkörperten die Riesenmonster eine Rache der Natur, eine Bestrafung der Menschheit, die ihre Grenzen verkannt hatte.

In *The Beast from 20 000 Fathoms* (Panik in New York, USA 1953) wird durch eine Atombombenexplosion am Nordpol ein prähistorischer Saurier aus seinem eiszeitähnlichen Schlaf geweckt. Mit der Meeresströmung treibt das Untier New York entgegen. Auf seinem Weg zerstört es ein Fischerboot und einen Leuchtturm, ehe es in der amerikanischen Metropole selbst zum Vernichtungsgang ansetzt. Das Finale findet in einem Vergnügungspark statt, wo sich das Ungeheuer im Gestänge einer Achterbahn verfangen hat. Professor Tom Nesbitt (Paul Christian alias Paul Hubschmid), der am Atomversuch beteiligt war, läßt den Saurier mittels einer Atomgranate vernichten. Die Urkraft, die die schlafende Gefahr geweckt hat, befreit die Menschheit auch wieder von dem Schrecken. Die Wissenschaft rehabilitiert sich selbst, als Auslöser und gleichzeitiger Vernichter einer kaum zu kontrollierenden Bedrohung.

The Beast from 20 000 Fathoms (Regie: Eugène Lourié, der in Zukunft noch weitere Monsterfilme inszenieren sollte) entstand nach der Kurzgeschichte »The Foghorn« von Ray Bradbury, von deren Elementen im Film allerdings nur noch wenig zu erkennen war.

Für die Trickaufnahmen zeichnete Ray Harryhausen verantwortlich, einer der besten Männer auf diesem Gebiet. Er hatte im Gegensatz zu seinem Lehrmeister Willis H. O'Brien mit der Frontprojektion ein Verfahren entwickelt, mit dem sich zeit- und kostensparender Modell- und Realaufnahmen kombinieren ließen. So gehören die Szenen, in denen der Rhedosaurus durch die Straßen New Yorks streift, zu den eindrucksvollsten im Film.

Der überraschend große Erfolg von *The Beast from 20 000 Fathoms,* der das Zwanzigfache seines gering bemessenen Budgets von 250.000 Dollar einspielte, führte zu zahlreichen weiteren Filmen dieser Thematik.

Mit *The Creature from the Black Lagoon* (Der Schrecken vom Amazonas, USA 1953) drehte Jack Arnold im gleichen Jahr einen etwas anders gearteten Monsterfilm, der heute zu den Klassikern des phantastischen Films zählt.

Eine Gruppe von Forschern führt eine Expedition im Amazonasgebiet durch, bei der sie Bekanntschaft mit einem menschenähnlichen Amphibienmonster macht. Dieses Relikt einer verschollenen Rasse, die in der Evolution vor dem Menschen stand, entführt ein weibliches Expeditionsmitglied (Julie Adams). Am Schluß des Films kann die Frau aus der feuchten, glitschigen Höhle des Untiers befreit und das Monster selbst vernichtet werden.

The Creature from the Black Lagoon vereint den »Beauty-and-the-Beast«-Mythos mit der schwülstigen sexuellen Symbolik des Halbwesens im phantastischen Film.

In einer Szene schwimmt die weibliche Heldin im Wasser, während das Monster sie vom Grund der Lagune aus beobachtet. Ihre Haltung und die Bewegungen ihrer Beine sind so verführerisch, daß das Monster windend unter sie gleitet und Besitz von ihr ergreifen will, was quasi einem sexuellen Akt gleichkommt. So sagt Marilyn Monroe in dem Film *The Seven Year Itch* (Das verflixte

›The Beast from 20 000 Fathoms‹ (Panik in New York, USA 1953)

siebte Jahr, USA 1955) bei der Schilderung eines Vergewaltigungstraumes nicht ganz zufällig: »Er sah aus wie das Ungeheuer von der schwarzen Lagune«, nachdem sie gerade aus einem Kino gekommen ist, in dem Jack Arnolds *Creature from the Black Lagoon* lief.

Der Film wurde im heute nahezu ausgestorbenen 3-D-Verfahren aufgenommen, bei dem der Zuschauer durch das Aufsetzen einer Spezialbrille einen räumlichen Eindruck erhält.

Es entstanden noch zwei Fortsetzungen: *Revenge of the Creature* (Die Rache des Ungeheuers, USA 1954, Regie ebenfalls Jack Arnold, quasi ein Remake des ersten Films) und *The Creature Walks Among Us* (Das Ungeheuer ist unter uns, USA 1956, Regie: John Sherwood), die aber beide qualitativ nicht an das Original heranreichten.

1954 trat in Form des von Inoshira Honda inszenierten *Gojira* (Godzilla) zum ersten Mal der japanische Science-Fiction-Film auf den Plan.

Atomare Tests erwecken das prähistorische Seemonster Godzilla zum Leben, welches daraufhin an die Meeresoberfläche taucht und Tokio dem Erdboden gleichmacht. In letzter Sekunde, als bereits alles verloren erscheint, kann Dr. Serizawa (Akira Takarada) den Oxygen-Zerstörer, eine von ihm entwickelte Wunderwaffe, einsetzen und Godzilla vernichten. Der Wissenschaftler wählt den Freitod, um seine Waffe, deren Geheimnis er mit ins Grab nimmt, vor Mißbrauch zu schützen. Zwei Jahre später wurde eine spezielle US-Version in den Staaten herausgebracht, in die nachträglich gedrehte Szenen (mit Raymond Burr) eingeschnitten wurden.

In *Sorano Daikaijyu Radon* (Rodan/Die fliegenden Monster von Osaka, Japan 1956, Regie: Inoshira Honda) wird ein flügelbewehrtes Monster ebenfalls aus seinem Tiefschlaf in der Erde geweckt und verwüstet daraufhin eine japanische Großstadt.

Diese Filme verkörperten zweifelsohne das atomare Trauma Japans und müssen als der Versuch gelten, dieses in den Bereich der Phantasie zu verdrängen. Der Schock über die atomare Vernichtung der beiden Großstädte Hiroshima und Nagasaki saß tief und konnte im Film mit rationalen Mitteln nicht verarbeitet werden. Vielmehr nahmen die Monster den Platz dieser ungeheuren Bedrohung ein, die damit faßbar und begreifbar geworden war. In späteren Werken wandelte sich dieses Motiv zur Bejahung moderner Technologie bei richtiger Anwendung, was auch Japans neu gewonnenes Großmachtbewußtsein (zumindest im wirtschaftlichen Bereich) illustriert, welches sich auf die Macht seiner

›Gojira‹ (Godzilla, Japan/USA 1954)

Konzerne stützt. Die vergegenständlichte Gefahr, die man zwar für kurze Zeit bezwingen kann, mit der man aber leben, an die man sich gewöhnen muß, wurde zu einem spielerischen Moment degradiert, wobei sogar Monster auftauchten, die der Menschheit freundlich gesinnt zur Seite standen.

Die unzähligen entstandenen Nachfolgefilme (vornehmlich aus den Tokioer Toho-Studios) um Godzilla und seine Genossen führten zu einer Fließbandproduktion ähnlich wie bei den »eastern« (Kung-Fu- und Karate-Filmen).

Tricktechnisch blieben sie weit hinter den entsprechenden amerikanischen Produktionen zurück. Die Japaner bauten einfach das Modell einer Stadtlandschaft und ließen anschließend einen Statisten im Monsterkostüm darin herumtrampeln. Daß bei aller unfreiwilligen Komik teilweise sogar noch der Reißverschluß am Kostüm zu erkennen ist, kann bald schon wieder als beabsichtigte Ironie ausgelegt werden.

Bei *It Came from Beneath the Sea* (Regie: Robert Gordon, USA 1955) durfte Ray Harryhausen seine Kunst wieder unter Beweis stellen.

Atomstrahlung hat die Nahrung eines gigantischen Oktopus im Pazifik vernichtet, der daraufhin an die Meeresoberfläche taucht und sich auf den Weg nach San Francisco macht. Dort zerstört er die Golden-Gate-Brücke, ehe er durch einen elektronisch gesteuerten Torpedo vernichtet wird.

Wie schon bei *The Beast from 20 000 Fathoms* wurde auch hier das Monster durch das Stop-Motion-Verfahren (Einzelbildaufnahme) glaubwürdig zum Leben erweckt. Ein entsprechendes Modell wird in Einzelbildern aufgenommen, wobei in jeder Einstellung die Haltung ein klein wenig verändert wird, so daß bei 24 Bildern in der Sekunde (der normalen Ablaufgeschwindigkeit eines Films) der Eindruck einer fortlaufenden Bewegung entsteht. Da man bei *It Came from Beneath the Sea* sehr in Zeitdruck war, bekam die Riesenkrake statt der üblichen acht nur fünf Tentakel, um die Animationszeit zu verkürzen.

Mit *The Beast from Hollow Mountain* (Der Schrecken vom Monte Bravo, USA 1956, Regie: Edward Nassour und Ismael Rodriguez) kam noch einmal Altmeister und Erfinder der Animationstechnik Willis H. O'Brien zum Zuge.

Der Film, nach einer Story von O'Brien, erzählt von einem Tal in einer unzugänglichen Berggegend Mexikos, in dem noch ein Tyrannosaurus Rex existiert.

Diese Geschichte wurde unter der Regie von James O'Connolly 1968 mit dem Titel *The Valley of Gwangi* (Gwangis Rache) mit dem Können von O'Brien-Nachfolger Ray Harryhausen noch einmal in Szene gesetzt.

1957 entstand *20 Million Miles to Earth* (Die Bestie aus dem Weltraum, Regie: Nathan Juran), wieder ein Ergebnis des erfolgreichen Gespanns Schneer/Harryhausen (Charles H. Schneer war Produzent für Columbia und produzierte fast alle Filme, bei denen Ray Harryhausen für die Tricktechnik sorgte).

Das Drehbuch nach einer ursprünglichen Idee von Harryhausen stammt von Bob Williams und Chris Knopf.

Ein ahnungsloser US-Astronaut (William Hopper) bringt von

der ersten Venus-Expedition das Ei eines Untiers mit zur Erde, welches ausschlüpft und unter den atmosphärischen Bedingungen unseres Planeten zu ungeheurer Größe anwächst und in Rom sein Unwesen treibt. Nach zahllosen Verwüstungen kann es auf dem Kolosseum mit Bazookas vernichtet werden. Ein tricktechnischer Höhepunkt ist eine Kampfszene zwischen dem Monster von der Venus und einem Elefanten. Ursprünglich wollte Harryhausen hierfür auf einen echten Elefanten zurückgreifen. Da während der Dreharbeiten aber so schnell keiner aufzutreiben war und dieser Plan auch zu große technische Probleme mit sich gebracht hätte, bediente er sich bei dem Elefanten schließlich auch des Verfahrens der Modellanimation in Verbindung mit der Frontprojektion. Der Kampf findet vor einem bereits bespielten Film statt, der mittels eines Spiegels eingeblendet wird.

›It Came from Beneath the Sea‹ (USA 1955)

›20 Million Miles to Earth‹ (Die Bestie aus dem Weltenraum, USA 1957)

Mit *Behemoth the Sea Monster* (US-Titel: The Giant Behemoth, Das Ungeheuer von Loch Ness, 1958, Regie: Eugène Lourié und Douglas Hickox) fand ein bisheriger Abschluß dieser Thematik statt.

Wiederum wird ein prähistorisches Monster durch Radioaktivität zum Leben erweckt und verwüstet London. Die Trickaufnahmen überwachte Altmeister Willis H. O'Brien.

Ray Harryhausen begab sich unterdessen mit dem Film *The Seventh Voyage of Sindbad* (Sindbads siebte Reise, 1958, Regie: Nathan Juran) in märchenhaftere Gefilde, für den er brüllende Zyklopen, einen feuerspeienden Drachen, den zweiköpfigen Rie-
senvogel Roc und sogar ein fechtendes Skelett animierte. Weitere
Sindbad-Filme folgten 1973 und 1977.

Mit *Gorgo* (Gorgo, GB 1959, Regie: Eugène Lourié) kam noch ein Nachzügler auf die Leinwand.

Durch eine Vulkaneruption wird ein Seemonster aus seinem Schlaf geweckt. Die Bestie kann gefangen werden und wird in einem Londoner Vergnügungspark in der Nähe des Picadilly Circus als Attraktion zur Schau gestellt. Zum allseitigen Schrecken stellt sich heraus, daß Gorgo noch nicht ausgewachsen, sondern noch ein Kind ist. Seine ungleich größere Mutter ist bereits auf dem Wege nach London. Sie befreit ihr »Kleines«, wobei sie die halbe Stadt in Schutt und Asche legt. Die Armee ist machtlos; Mutter und Kind verschwinden wieder im Meer.

Für die nächsten Jahre verschwanden die Monster von der Leinwand. Die späteren Filme, an denen Ray Harryhausen mitwirkte *(Jason and the Argonauts, One Million Years B.C.)*, konnten das Publikum kaum noch erschrecken, sind aber für die Freunde exzellent ausgeführter Modellanimation wahre Leckerbissen.

›20 Million Miles to Earth‹ (Die Bestie aus dem Weltenraum)

125

Doomsday und die Welt danach

Im Vergleich zu den anderen großen Themenkreisen des phantastischen Films in den 50er Jahren nahmen die Katastrophen auf der Leinwand keinen so übermächtigen Platz ein.

Unterschieden werden muß bei dieser Thematik zwischen den sogenannten Doomsday-Filmen, die die alles vernichtende Katastrophe als Schluß- und Höhepunkt setzen und die Geschichte der letzten Tage davor erzählen, und den Post-Doomsday-Filmen, bei denen das Unheil bereits stattgefunden hat und das Schicksal einer kleinen Gruppe Überlebender im Mittelpunkt steht.

Die Erinnerung an bereits stattgefundene Naturkatastrophen (1871 der Großbrand von Chicago und 1906 das Erdbeben von San Francisco), gepaart mit dem Bewußtsein möglicher menschlicher Vernichtungskraft (die Atombombenexplosionen von Hiroshima und Nagasaki) begünstigten die mit Wollust konsumierten Endzeitphantasien, die zwanzig Jahre später in verstärkter Form (bedingt durch wirtschaftliche Krisensituationen) ihre Rückkehr ins Kino finden sollten.

Das Gefühl des Zuschauers ist das eines Achterbahnfahrers. Man empfindet ein kribbelndes Gefühl in der Magengegend und sieht in Erregung dem kommenden Schrecken entgegen, ohne sein eigenes Leben ernsthaft bedroht zu sehen. Hinzu kommt die natürliche Freude an der Destruktion, die den Tricktechnikern oft genug Anlaß zu wahren Zerstörungsorgien geben sollte.

Den Anfang machte Rudolph Maté mit seinem religiös angehauchten *When Worlds Collide* (Der Jüngste Tag, USA 1951). Zwei Himmelskörper rasen auf die Erde zu: Der Planet Zyra wird sie sehr dicht passieren und dabei riesige Naturkatastrophen wie Erdbeben, Springfluten und Großbrände hervorrufen; neunzehn Tage später wird der Stern Bellus den geliebten Heimatplaneten der Menschheit endgültig vernichten.

In aller Eile wird mit vereinten Kräften ein Raumschiff erbaut, das 40 Menschen zusammen mit Tieren und lebensnotwendigen Gütern zum Planeten Zyra bringen soll, um so ein Weiterexistieren der Menschheit zu sichern.

Kurz vor der Kollision mit Bellus startete die Raumschiff-Arche und landete sicher auf Zyra, wo für die 40 Auserwählten ein neues Leben beginnt.

Der böse Kapitalist, der mit seinem Geld das Projekt finanzier-

›When Worlds Collide‹ (Der jüngste Tag, USA 1951)

te und sich damit seine Rettung erkaufen wollte, wird stellvertretend für alle niederen menschlichen Instinkte auf der Erde zurückgelassen.

Dieses durch die Farben von Technicolor noch zusätzlich verkitschte Melodram über eine gottgewollte Bestrafung der Menschheit in naher Zukunft kann heute nur noch als eine Herausforderung für die Tricktechniker betrachtet werden. Der von George Pal produzierte Film basiert auf einem Roman von Edwin Balmer und Philip Wylie.

Eine Post-Doomsday-Geschichte erzählt *Five* (Die letzten Fünf, USA 1951).

Fünf Überlebende treffen sich nach dem atomaren Weltuntergang in einem Haus, um eine neue Gemeinschaft aufzubauen. Innerhalb der Gruppe kommt es jedoch schnell zu neuen Konflikten, die nur eine schwangere Frau und der idealistische Held überleben. Regie führte Arch Oboler.

Von ähnlicher Thematik ist der Film *The Day the World Ended*

›When Worlds Collide‹ (Der jüngste Tag) – der Broadway vor der Katastrophe

›When Worlds Collide‹ (Der jüngste Tag) – Springflut

(Die letzten Sieben, USA 1955, Regie: Roger Corman). Hinzu kommt lediglich die Bedrohung durch ein Mutantenwesen, welches in einem rätselhaften Regen den Tod findet, der gleichzeitig auch die Radioaktivität aus der Welt wäscht. Einem hoffnungsvollen Neubeginn steht nichts mehr im Wege ...

In *World Without End* (USA 1955) geraten vier Erdastronauten (Hugh Marlowe, Rod Taylor, Nelson Leigh und Shawn Smith) bei ihrer Rückkehr vom Mars in eine Art Zeitfalle und finden sich auf der Erde des Jahres 2508 wieder. Unser Planet ist durch einen Atomkrieg verwüstet worden. Die Oberfläche wird von grotesken Mutanten und riesigen Spinnen bevölkert, während unterirdisch die letzten menschlichen Überlebenden hausen. Edward Bernds schrieb das Drehbuch und führte gleichzeitig Regie.

Eine Katastrophe anderer Art schildert *1984* (1984, GB 1956), die Verfilmung des gleichnamigen berühmten utopischen Romans von George Orwell. In dieser SF-Vision stehen nicht Natur- oder Atomkatastrophen im Mittelpunkt, sondern das Leben unter einem politisch äußerst totalitären und autoritären Regime. Der Film erzählt ebenso wie das Buch von einer Welt der nahen

129

›When Worlds Collide‹ (Der jüngste Tag) – Vorbereitungen im Trickstudio

Zukunft, wie wir sie hoffentlich niemals erleben werden, die in vielen Einzelbezügen heute aber so fern auch nicht mehr erscheint.

Im Jahre 1984 ist die Welt in drei Machtblöcke aufgeteilt: Ozeanien, Eurasien und Ostasien, die sich in wechselnden Bündnissen untereinander bekriegen. Diese Kriege, von denen niemand weiß, ob sie wirklich stattfinden, und die niemals einen Sieger haben, dienen als Vorwand für ein feingesponnenes Netz von Unterdrückung und Bespitzelung.

Symbol dieses totalitären Systems ist der sogenannte »Große Bruder«. Seine Augen sind überall (»The Big Brother is Watching You!«); jeder Bürger wird Tag und Nacht durch Kameralinsen überwacht und ist den Häschern der »Gedankenpolizei« hilflos ausgeliefert.

Die allgegenwärtige Propaganda, die ständig betriebene Geschichtsverfälschung und »Sprachreinigung« sowie die gegenseitige Bespitzelung und staatliche Beobachtung verfolgen nur ein Ziel: die Vernichtung jedweder Individualität.

Im Mittelpunkt des Films steht die Geschichte von Winston Smith (Edmond O'Brien), der sich des Verbrechens schuldig macht, Gefühle zu empfinden.

Während er mit der Fälschung von Dokumenten der Vergangenheit beschäftigt ist, um so immer wieder die Geschichtsschreibung zu »korrigieren«, verliebt er sich in Julia (Jan Sterling). Seine versteckten Zweifel an der Richtigkeit des Systems werden dadurch noch weiter verstärkt. Schon immer hat Smith alle Verbote außer acht lassend in einem für die Kamera nicht erreichbaren toten Winkel seines Wohnraumes ein privates Tagebuch geführt. Jetzt trifft er sich mit seiner Geliebten an Orten, die er für unbeobachtet hält, und genießt die kurzen Stunden des Glücks.

Sie wollen sich einer angeblich vorhandenen Gegenbewegung im Untergrund anschließen. Aber selbst diese wird bereits von der Partei kontrolliert. Beide werden festgenommen, nachdem ihr geheimes Verhältnis aufgedeckt wurde, und einer Gehirnwäsche unterzogen, aus der sie völlig umgedreht wieder in die Gesellschaft entlassen werden.

Wie schon bei *Invasion of the Body Snatchers* (Die Dämonischen, USA 1956) von Don Siegel konnte soviel Pessimismus dem

›When Worlds Collide‹ (Der jüngste Tag)

amerikanischen Publikum nicht zugemutet werden. Speziell für den US-Markt wurde das Ende verändert. Hier sterben beide unter den Kugeln der »Gedankenpolizei«, während sie mit erhobenen Fäusten »Nieder mit dem Großen Bruder!« schreien.

Bürgerlich-reaktionäre Kritiker bezogen Orwells Kritik auf kommunistische Systeme stalinistischer Prägung, während marxistische Kritiker sie auf spätkapitalistische Zustände zu münzen versuchten. George Orwell selbst wollte vielmehr seinem Abscheu vor totalitäten Diktaturen jeglicher Art, egal ob nun extrem rechter oder linker Natur, Ausdruck verleihen und zugleich vor einer Welt warnen, die zu verhindern unsere Aufgabe ist.

Der von Michael Anderson inszenierte Film bleibt zwar hinter der Intensität der literarischen Vorlage zurück, ist aber dennoch ein Werk, welches den Zuschauer nicht unbeeindruckt läßt.

Um das Leben nach der vernichtenden Katastrophe geht es wieder in *The World, the Flesh and the Devil* (Die Welt, das Fleisch und der Teufel, USA 1958, Regie: Ronald MacDougall). Diesmal sind es drei Überlebende, die sich in den verlassenen Straßen New Yorks treffen: eine weiße Frau (Inger Stevens), ein Farbiger (Harry Belafonte) und ein zynischer Rassist (Mel Ferrer). Zwi-

›1984‹ (1984, GB 1956) – Edmond O'Brien und Jan Sterling

›1984‹ (1984)

schen den Dreien gibt es Streit, bis sich die Einsicht durchsetzt, daß friedlich doch besser miteinander auszukommen ist. Auch hier können Helden und Zuschauer im Happy End selig vereint dem Sonnenuntergang entgegengehen.

Hoffnungsloser gibt sich da schon der von Stanley Kramer nach einem Roman von Nevil Shute inszenierte und von einer elegischen Stimmung geprägte Film *On the Beach* (Das letzte Ufer, USA 1959).

Auf der Welt nach dem Atomkrieg (im Film fand der bereits 1964 statt) ist nahezu jegliches Leben erloschen. Nur auf der Südspitze Australiens fristen die letzten Überlebenden ihr Dasein, den sicheren Tod durch das Heranziehen einer radioaktiven Wolke vor Augen.

Eine letzte Hoffnung – der Empfang rätselhafter Morsezeichen aus Amerika – erweist sich als trügerisch. Ein in Melbourne liegendes US-Atom-U-Boot macht sich auf die lange Reise nach Kalifornien, um dort herausfinden zu müssen, daß die Zeichen durch ein offenes Fenster entstanden, welches gegen den Signalgeber schlug.

Gift wird an die Menschen verteilt, damit sie dem langen grausamen Tod durch radioaktive Verseuchung entgehen können. Einige ziehen dem Suizid durch Tabletten ihre eigene Form des Selbstmordes vor. Ein Autonarr vergiftet sich mit Abgasen; die U-Boot-Besatzung will den Tod im Meer finden. Am Ende dieses sentimentalen, aber doch realistischen Films bleibt Hoffnungslosigkeit und die Einsicht, daß Krieg niemandem einen Vorteil bringt – keiner gewinnt.

On the Beach wurde in Melbourne aufgenommen – nach Ava Gardner, einem der Stars des Films, »genau der richtige Platz, um einen Film über das Ende der Welt zu drehen«.

Roger Corman nahm sich in dem schnell heruntergedrehten *Last Woman on Earth* (USA 1959) noch einmal der Post-Doomsday-Thematik an und zeigte eine kleine Gruppe Überlebender, die auf der verzweifelten Suche nach einem Drehbuch über eine Pazifikinsel stolpert.

In dem 1961 von Val Guest inszenierten britischen Film *The Day the Earth Caught Fire* (Der Tag, an dem die Erde Feuer fing) ist unser Heimatplanet noch einmal vom Untergang bedroht. Die gleichzeitige Zündung zweier Wasserstoffbomben an Nord- und Südpol werfen die Erde aus ihrer Umlaufbahn, so daß sie sich immer mehr der Sonne nähert. Ein Reporter (Edward Judd) und seine Freundin (Janet Munro) bringen diese geheimgehaltene Erkenntnis an die Öffentlichkeit. Es kommt zu Unruhen; das Wasser wird knapp. Das Ende der Welt vor Augen, entschließen sich die Großmächte zu einer gemeinsamen Aktion: Vier Atombomben sollen gleichzeitig am Äquator gezündet werden, um den Lauf der Erde wieder zu stabilisieren. Der Zuschauer wird über den Erfolg dieser Unternehmung im unklaren gelassen. Für die

Morgenzeitungen des kommenden Tages sind zwei Schlagzeilen vorbereitet: »Die Erde gerettet!« und »Erde zum Untergang verurteilt!«

Während sich die Filme in den 50er/beginnenden 60er Jahren um eine ernsthafte – teilweise gerade aus diesem Grunde unfreiwillig komische – Behandlung des Themas bemühten und einen leicht versüßten Ausblick auf die letzten Tage der Menschheit vor oder nach dem großen Knall boten, dauerte es bis 1969, wo Richard Lester mit *The Bed Sitting Room* (Danach) eine völlig anders geartete, absurde Variante des Post-Doomsday-Motivs bot.

Wenn schon keine klare, entlarvende Analyse möglich war, so zeigten die SF-Filme Ende der 50er Jahre dennoch bereits die Tendenz, von einer umfassenden Mystifizierung der Atombombe und allen sich aus ihr ergebenden Konsequenzen, ein wenig abzurücken.

Science Fiction im viktorianischen Gewande – der Trend zur Nostalgie

Wenn von den literarischen Klassikern der Science Fiction die Rede ist, kommt man an Jules Verne und Wells nicht vorbei, deren Einfluß auf die nachfolgenden Generationen von SF-Schriftstellern seinesgleichen sucht. Beide schufen mit ihren berühmten phantastischen Romanen klassische Sujets und Inhalte der Science Fiction, so daß sie quasi zu den Großvätern eines Genres avancierten, welches seinen heutigen Namen erst einige Jahre später erhalten sollte.

Der Franzose Jules Verne (1828–1905) ließ bemannte Projektile zum Mond rasen, erfand U-Boote und andere Wundermaschinen. Seine Ideen und Anregungen empfing er aus seiner ca. 20 000 Notizen umfassenden Zettelkartei, die er mit Auszügen von wissenschaftlichen Büchern und Zeitschriften füllte.

Als Vertreter der Bourgeoisie sind seine Werke gekennzeichnet durch einen unverbesserlichen Nationalismus sowie naive Wissenschaftsgläubigkeit. Es mag sein, daß Vernes Zukunftsoptimismus Anteil an seinem großen Erfolg und Verbreitungsgrad hatte. Seine Werke wurden in 143 Sprachen übersetzt und befinden sich somit auf Platz 6 der UNESCO-Weltrangliste.

Der Brite Herbert George Wells (1866–1946) dagegen wurde

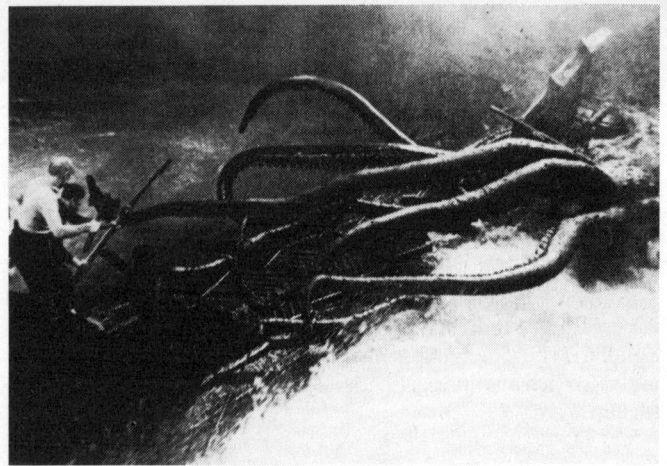

›20 000 Leagues under the Sea‹ (20000 Meilen unter dem Meer, USA 1954) – Krakenangriff auf die ›Nautilus‹

von der sozialistischen Ideologie beeinflußt. Seine Werke leben nicht allein von einer fesselnden Abenteuerlichkeit, sondern enthalten auch politisches und sozialkritisches Gedankengut.

Der phantastische Film machte sich den phantasievollen Ideenreichtum dieser beiden Autoren zunutze. Bereits in den Kindertagen der bewegten Bilder dienten ihre Romane als Vorlagen.

In den kommenden Jahrzehnten kam es nur vereinzelt zu Verfilmungen, fast ausschließlich nach Wells *(The Invisible Man, Island of Lost Souls, Things to Come).*

Nach den 50er Jahren, einem Zeitalter der kollektiven Ängste und Bedrohungen, kam es zu einem Nostalgietrend im phantastischen Film, für den die Verne- und Wells-Romane die idealen literarischen Vorlagen abgaben.

Dieser Trend war bereits einige Jahre zuvor eingeläutet worden. 1953 inszenierte Byron Haskin nach dem gleichnamigen Roman von H.G. Wells den Film *The War of the Worlds* (Kampf der Welten), der sich nahtlos in die, in den 50er Jahren vorherrschende Invasionsthematik einpaßte. Die Marsianer wollen die Erde erobern, scheitern aber an einem winzigen Gegner, den Bakterien, gegen die ihr Körper keine Abwehrstoffe besitzt.

Ein Jahr später verfilmte Richard Fleischer für die Walt Disney-Production den Verne-Roman *20 000 Leagues under the Sea* (20 000 Meilen unter dem Meer, USA 1954).

Während bei *The War of the Worlds* das Filmgeschehen noch in die Gegenwart verlegt wurde (einerseits um den Schrecken bedrohlicher erscheinen zu lassen, andererseits wohl sicherlich auch aus finanziellen Motiven heraus, denn aufwendige Dekors verschlingen erhebliche Summen), spielt die Geschichte von *20 000 Leagues under the Sea* im vorigen Jahrhundert.

Ein amerikanisches Kriegsschiff begibt sich auf die Suche nach einem mysteriösen Seeungeheuer. Tatsächlich kommt es auf hoher See zu einem Zusammentreffen. Das vermeintliche Monster rammt und versenkt das Schiff. In Wirklichkeit handelt es sich allerdings um das Unterseeboot »Nautilus« von Kapitän Nemo (James Mason), der auch die einzigen Überlebenden Professor Arronnax (Paul Lukas) und seine Begleiter Conseil (Peter Lorre)

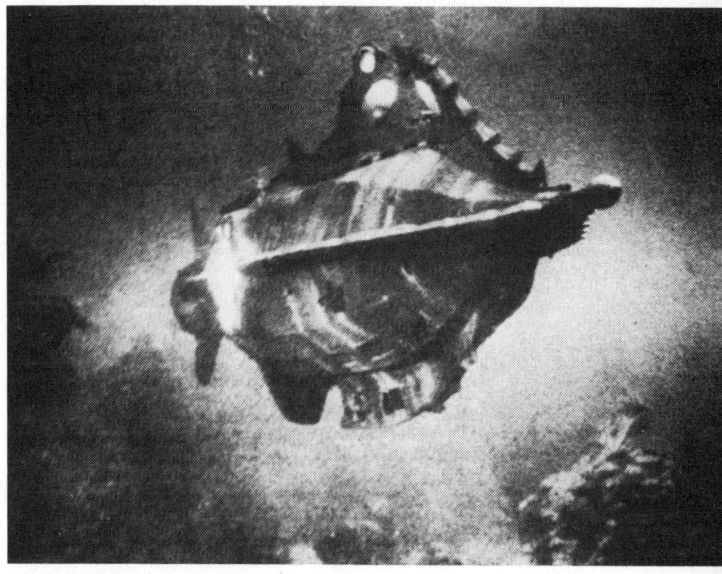

›20 000 Leagues under the Sea‹ (20 000 Meilen unter dem Meer) – die ›Nautilus‹

und Ned Land (Kirk Douglas) an Bord nimmt. Kapitän Nemo behandelt die drei weniger als Gäste, eher als Gefangene, denen er seine Errungenschaften vorführen kann.

Die »Nautilus« wird offenbar atomar angetrieben. Nemo spricht davon, daß er sich die »Kraft des Universums« nutzbar gemacht habe. Nicht umsonst nannten die Amerikaner ihr erstes atomgetriebenes U-Boot ebenfalls »Nautilus«.

Um den Tod von Frau und Tochter zu rächen, versenkt Kapitän Nemo Kriegs- und Sklavenschiffe auf allen Weltmeeren. Sein Charakter ist beherrscht von wissenschaftlicher Genialität, idealistischen Zielen und unbändigem Haß. Als solchermaßen tragische Figur ist sein schicksalhafter Tod am Ende des Films die logische Konsequenz.

Nach allerhand Abenteuern, u.a. dem Kampf mit einer Riesenkrake, und Bildern einer faszinierenden Unterwasserwelt läuft Nemo seinen geheimen Zufluchtsort, die Insel Vulkania an. Dort erwartet ihn allerdings bereits eine Flotte Kriegsschiffe, die durch Ned Lands Flaschenbotschaften herbeigerufen wurde. Bei dem folgenden Gefecht wird Nemo tödlich verwundet. Der Sterbende läßt die Insel mit allen Kriegsschiffen in einer Atomexplosion ver-

›20 000 Leagues under the Sea‹ (20 000 Meilen unter dem Meer) – die verschwenderisch ausgestattete Kabine von Cpt. Nemo

gehen und verschwindet mit der »Nautilus« in den Tiefen des Ozeans.

20 000 Leagues under the Sea war der Vorreiter eines Nostalgietrends, dessen Filme nicht auf die Erzeugung realen Schreckens abzielten, sondern den Zuschauer durch eine märchenhaft-abenteuerliche Atmosphäre gefangennahmen. Nicht Furcht und versteckte Ängste sollten angesprochen werden, sondern mit visueller Poesie erzählte Unterhaltung für die ganze Familie stand im Vordergrund.

Diese Filme spielen im vorigen Jahrhundert und gewinnen durch die viktorianische Zeitstimmung und die entsprechenden Dekors einen zusätzlichen Reiz. Ein gutes Beispiel hierfür ist die verschwenderisch arrangierte Innenausstattung des Salons in Kapitän Nemos »Nautilus« (welche vom Designer Harper Goff entworfen wurde). Mit der großen Orgel am Kopfende des Raumes wirkt sie geradezu konträr zur vermuteten Enge in einem U-Boot.

Eine Kuriosität am Rande war die Verpflichtung Richard Fleischers als Regisseur für diesen Film, denn sein Vater Max Fleischer war einer von Disneys größten Konkurrenten auf dem Sektor des Zeichentrickfilms.

20 000 Leagues under the Sea wurde mit 5 Millionen Dollar aufwendig produziert. Viel Geld verschlangen die Trickaufnahmen, so zum Beispiel der in Szene gesetzte Kampf mit einer Riesenkrake. Allein das Modell des Ungeheuers kostete bereits eine Viertelmillion Dollar. Jeder einzelne Tentakel war an acht bis zehn, für den Zuschauer später unsichtbaren, Drähten befestigt, an denen jeweils ein Mann zog. So waren insgesamt fünfzig bis sechzig Männer in der Art von Puppenspielern damit beschäftigt, die Riesenkrake zu bewegen. Die Szene sollte ursprünglich während eines Sonnenuntergangs bei ruhiger See (im Studio) gedreht werden. Da hierbei aber zuviel von der Tricktechnik zu erkennen gewesen wäre, findet die Szene im Film nachts bei stürmischer See statt. Zahlreiche Windmaschinen peitschen das Wasser auf, wodurch die Bewegungen der voll hydraulischen Krake realistisch erscheinen.

Die enormen Einspielergebnisse von *20 000 Leagues under the See* weckten das Interesse anderer Produzenten an derartigen Themen. Mit zu den gelungensten Produktionen aus dem Bereich der viktorianischen Science Fiction gehört *Journey to the Centre of the Earth* (Die Reise zum Mittelpunkt der Erde, GB 1959, Regie:

Henry E. Levin) nach dem gleichnamigen Roman von Jules Verne (»Voyage au Centre de la Terre«, 1864).

Der Edinburgher Professor Sir Oliver Lindenbrook (James Mason) startet zusammen mit seinem Assistenten Alex McEwen (Pat Boone) und der Witwe eines verstorbenen Kollegen (Arlene Dahl) eine Expedition, die sie durch einen isländischen Vulkankrater in das Innere der Erde führt. Ferner gesellen sich noch zu ihnen der Entenfänger Hans (Peter Ronson) und die Ente Gertrud.

Lindenbrook folgt einer Botschaft des alten Saknussem, einem vor dreihundert Jahren verschollenen isländischen Forschers, der angeblich den Mittelpunkt der Erde erreicht hat. Verfolgt werden sie von einem Nachfahren des alten Saknussem, den sie später als ihren Gefangenen mit sich führen. Im Erdinnern erlebt die Expedition farbenprächtige Abenteuer. Als ihre Lampen aus Mangel an Brennstoff verlöschen, strahlen die Felswände in fluoreszierendem Licht. Die Forscher gelangen an einen unterirdischen Ozean, dessen Ufer mit gigantischen Pilzen bewachsen ist. Aus deren Stämmen bauen sie ein Floß, um übersetzen zu können. Auf See überleben sie einen schweren Sturm und gelangen nach einem Monat endlich völlig erschöpft an das andere Ufer. Dort entdecken sie die Überreste der versunkenen Stadt Atlantis. Das wunderliche Ende, welches die Geschichte schließlich nimmt, zeigt, wie sehr die reine Fabulierfreude im Vordergrund steht.

Die Expeditionsteilnehmer flüchten sich in eine große Opferschale aus Asbest, weil sie sich ihren Rückweg, der durch einen großen Basaltbrocken versperrt ist, freisprengen wollen. Durch die Schießpulverexplosion lösen sie eine vulkanische Eruption aus. Auf glühender Lava werden sie daraufhin rasend schnell nach oben getragen und gelangen auf diese Weise durch einen Vulkanschacht wieder heil (!) an die Oberfläche. Alex landet unbekleidet im Apfelbaum eines Nonnenklosters, die anderen werden aus dem Mittelmeer gefischt. In Island sind sie eingestiegen, auf Sizilien findet ihre Reise ein Ende.

Für das Drehbuch waren Walter Reisch und Charles Brackett verantwortlich (letzterer war gleichzeitig auch Produzent des Films); die Spezialeffekte wurden von L.B. Abbott, James B. Gordon und Emil Kosa Jr. besorgt.

1960 produzierte und drehte Irwin Allen ein Remake des Romans *The Lost World* von Sir Arthur Conan Doyle, der bereits

›Journey to the Center of the Earth‹ (Die Reise zum Mittelpunkt der Erde, GB 1959) – Pat Boone im Pilzwald

1925 einmal von Harry O. Hoyt verfilmt worden war. In Deutschland lief der Film unter dem Titel »Versunkene Welt/Urupara – die versunkene Welt«.

Der Zoologieprofessor George Edward Challenger (Claude Rains) entdeckt in Südamerika ein vergessenes Hochplateau, auf dem noch prähistorische Verhältnisse herrschen. Diese »versunkene Welt« wird von urweltlichen Sauriern, Riesenspinnen, fleischfressenden Pflanzen und einem gefährlichen Indianerstamm bevölkert. Eine von Professor Challenger geführte Expedition kann nur mit Mühe durch den »Friedhof der Verdammten« vorbei an gewaltigen aufgestauten Lavamassen entkommen, bevor heftige Erdbeben und vulkanische Eruptionen das Hochplateau zerstören.

Für die Spezialeffekte waren die gleichen Leute wie bei *Journey to the Centre of the Earth* verantwortlich. Technischer Mitarbeiter war außerdem Willis H. O'Brien, Altmeister der Modellanimation, der allerdings mit dem Film sehr unzufrieden war, denn Allen verwandte auch Realaufnahmen von tatsächlichen Eidechsen.

›The Mysterious Island‹ (Die geheimnisvolle Insel, GB 1960)

Mit *Mysterious Island* (Die geheimnisvolle Insel, GB 1960) kam wiederum ein Produkt der Zusammenarbeit von Produzent Charles H. Schneer und Animationskünstler Ray Harryhausen heraus. Der Stoff nach dem gleichnamigen Roman von Jules Verne (»L'Ile Mystérieuse«, 1875) war bereits einmal 1929 unter der Regie von Lucien Hubbard verfilmt worden.

Gegen Ende des amerikanischen Bürgerkrieges kann der Nordstaaten-Captain Cyrus Harding (Michael Craig) zusammen mit einem Journalisten und zwei Soldaten mittels eines Wetterballons aus der Gefangenschaft entfliehen. Durch einen Sturm wird die Gruppe gezwungen, auf einer unbekannten Insel im Pazifik niederzugehen. Dort stoßen noch zwei schiffbrüchige Frauen zu ihnen. Gemeinsam sind sie den Gefahren der Natur und den meisterhaften Kreaturen Ray Harryhausens ausgesetzt: gigantischen Vögeln, Bienen und Krabben sowie einem Riesenkraken.

Schließlich machen sie sogar Bekanntschaft mit dem sagenhaften Kapitän Nemo (Herbert Lom) und seinem Unterseeboot

»Nautilus«, dessen geheimer Zufluchtsort sich in einer Grotte unterhalb der Vulkaninsel befindet.

Nemo ist für die unnatürliche Vergrößerung der Tiere verantwortlich; es handelt sich um Ergebnisse seiner Experimente. Gemeinsam mit ihm schließt sich die Gruppe zu einem Kampf gegen Piraten zusammen.

Um den Gestrandeten ein Fortkommen von der Insel zu ermöglichen, hilft Nemo ihnen, ein in der Nähe der Küste gesunkenes Schiff zu heben, indem der im Rumpf verstaute Ballon einfach mit

›The Mysterious Island‹ (Die geheimnisvolle Insel)

Luft gefüllt wird. Die Zeit drängt, denn mit einem Ausbruch des Inselvulkans muß jede Sekunde gerechnet werden. Während die unfreiwilligen Robinsons noch rechtzeitig entkommen können, findet Kapitän Nemo mit seiner »Nautilus« wieder einmal den Tod im Meer – ein schicksalhaftes Ende scheint seine Spezialität zu sein.

Der von Cy Endfield inszenierte Film lebt eindeutig von Ray Harryhausens animierten Fabeltieren, die in der von ihm gewohnten Perfektion in Szene gesetzt wurden. Da das ursprüngliche Script für Harryhausen anfänglich zu wenig Möglichkeiten enthielt, reicherte er den Stoff einfach mit Monstern an. Das Drehbuch schrieben John Prebble, Daniel Ullman und Crane Wilbur.

Im gleichen Jahr war wieder einmal eine literarische Vorlage von Herbert George Wells zur Verfilmung fällig. George Pal produzierte und inszenierte *The Time Machine* (Die Zeitmaschine, USA 1960) nach Wells gleichnamigem Roman. Das klassische

›The Time Machine‹ (Die Zeitmaschine, USA 1960) – Rod Taylor

›The Time Machine‹ (Die Zeitmaschine) – die ›Schöne‹ und die ›Bestie‹ aus der Zukunft

Science-Fiction-Thema der Zeitreise, einer Erforschung der vierten Dimension, fand damit zum ersten Male eine filmische Entsprechung.

Am Silvesterabend des Jahres 1899 führt der Erfinder George (Rod Taylor) in seiner Londoner Wohnung seinen Gästen ein Experiment vor. Vor ihren Augen läßt er das Modell einer von ihm konstruierten Zeitmaschine verschwinden. Da Skepsis und Unglauben die Folgen sind, startet George einen Selbstversuch. Mit einem großen Modell der Zeitmaschine reist er in die Zukunft.

Im Jahre 1940 erlebt er den Zweiten Weltkrieg und sieht London als zerstörte Stadt, 1966 entkommt er nur mit Mühe einem Atombombenangriff, schließlich gelangt er in die fremdartige Welt des Jahres 802701!

Dort erlebt er die Menschen der Zukunft: die schönen zärtlich-schwächlichen Elois und die unterirdisch hausenden grausig anzusehenden Morlocks, denen die Elois als Sklaven und Nahrung dienen. Als auch das bildhübsche Eloi-Mädchen Weena (Yvette Mimieux), in das sich George verliebt hat, in die unterirdischen Höhlen verschleppt wird, organisiert er den Widerstand. Anhand seines Beispiels kann George die Elois aus ihrer Lethargie reißen, was bei vielleicht jahrtausendelanger Unterdrückung wenig wahrscheinlich erscheint. Mittels des Feuers werden die Morlocks besiegt und ihre Höhlen in Flammen gesetzt.

Anschließend kehrt George in seine Zeit zurück und berichtet den Freunden von seinen Erlebnissen. Kurz darauf findet man sein Haus verlassen vor; George ist zu Weena zurückgekehrt.

Während es sich bei H.G. Wells Zeitreisenden um einen viktorianischen Forscher und passiven, nahezu philosophischen Beobachter handelt, ist die Figur in Pals Film ein zwar viktorianisch gekleideter, aber dennoch typisch amerikanischer Held, der durch Eigeninitiative und Zivilcourage in der Lage ist, die Verhältnisse zu ändern.

In dieser hübsch und spannend inszenierten illusionistischen Vision werden die Elois aus Teilnahmslosigkeit und Unterdrückung befreit und zu Widerstand und selbstbestimmter Freiheit hingeführt.

Die künstlerische Leitung des Films lag bei George W. Davis und William Ferrari, die u.a. auch das interessante Design der Zeitmaschine entwarfen. Die »wunderschön« häßlichen Morlock-Masken stammten von William Tuttle.

1961 kam mit *Master of the World* (Robur – der Herr der sieben Kontinente/Herr der Welt, USA 1961) nach Kapitän Nemo ein weiterer Jules-Verne-Charakter auf die Leinwand. Der wahnsinnige Erfinder Robur (dargestellt von Vincent Price) hat ein sagenhaftes Luftschiff mit dem Namen »Albatros« konstruiert und will mittels der an Bord befindlichen Wunderwaffen einen Krieg zwischen den Völkern verhindern. Diese an sich löbliche Absicht versucht Robur allerdings durch sehr fragwürdige Methoden zu erreichen. Um seine unumschränkte Macht zu demonstrieren, zerstört er die britische Flotte im Hafen von London durch einen Bombenteppich. Den vier Gefangenen, die Robur an Bord nahm und denen er noch weitere Beispiele seiner Stärke vorführt, gelingt es allerdings noch vor ihrer glücklichen Flucht, die »Albatros« so zu sabotieren, daß Robur im großen tragischen Rahmen mit seinem Fahrzeug zugrunde geht.

»Wie Nemo ist auch Robur der Vollender einer, wenn zwar auch sehr isolationistischen, positiven Utopie, und schon deshalb, nicht nur, weil ein solcher universaler Pazifist nicht überleben darf, ist sein Tod im Kontext des Genres unabdingbar.« (Georg Seeßlen)

›The Time Machine‹ (Die Zeitmaschine) – in der Höhle der Morlocks

›Master of the World‹ (Robur – Der Herr der sieben Kontinente/Herr der Welt, USA 1961) – Vincent Price

Mit einer Reise zum Mond hatten sich Jules Verne und H. G. Wells ebenfalls bereits literarisch auseinandergesetzt. In seinem Buch »Von der Erde zum Mond« (welches 1958 unter dem Titel *From Earth to Moon,* Regie: Byron Haskin, eine recht klägliche Verfilmung erfahren hatte) läßt Verne ein bemanntes Projektil mittels einer riesigen Kanone Richtung Mond abfeuern.

Wells' Roman zu diesem Thema wurde nach einer ersten Version 1919 (allerdings hatte sich bereits Méliès für seinen 1902 entstandenen Film *Le Voyage dans la Lune* Motiven von Verne und Wells gleichermaßen bedient) 1964 noch einmal unter dem gleichnamigen Titel *The First Men in the Moon* (Die erste Fahrt zum Mond, Regie: Nathan Juran) verfilmt. Nach dem Drehbuch gelingt einem Raumschiff der Vereinigten Staaten in diesem Jahr die erste bemannte Mondlandung. Doch das Triumphgefühl verwandelt sich rasch in Enttäuschung, als die Astronauten eine englische Flagge auf dem Erdtrabanten entdecken. Durch angestrengte Nachforschungen auf der Erde stößt man auf den uralten Arnold

›First Men in the Moon‹ (Die erste Fahrt zum Mond, GB 1964)

Bedford (Edward Judd), der behauptet, bereits vor 65 Jahren auf dem Mond gewesen zu sein. Die eigentliche Story des Films, in diese realitätsbezogene Rahmenhandlung eingebettet, wird von ihm als Rückblende erzählt.

Im Jahre 1899 entdeckt der besessene Wissenschaftler Joseph Cavor (Lionel Jeffries) eine Substanz, die die Gravitation der Erde aufhebt. Mit Hilfe dieser Erfindung fliegt er in seinem selbstgebastelten Raumschiff in Begleitung von Bedford und dessen Verlobter Kate (Martha Hyer) zum Mond. Dort angekommen, entdecken sie ein riesiges unterirdisches Tunnelsystem, welches von den Seleniten, ameisenartigen Mondbewohnern, bevölkert wird. Diese haben Angst vor weiteren Menschen und verwehren den dreien die Rückkehr zur Erde. Dennoch gelingt Bedford und Kate die Flucht; Cavor bleibt freiwillig zurück, um vielleicht doch noch eine friedliche Verständigung zu erreichen.

Nach diesem phantastischen Bericht suchen auch die UN-Astronauten das Tunnelsystem auf, können jedoch keine Spur von Leben mehr feststellen. Die Mondkultur wurde offenbar durch von der Erde eingeschleppte Bakterien vernichtet.

Während es H.G. Wells in seinem Roman weniger um die Mondreise, sondern vielmehr um die Beschreibung des Seleniten-Staates und dessen totale Kontrolle über das Individuum und spezifische Rollen- und Aufgabenverteilung ging, handelt es sich bei dem Film wie bei allen Charles H. Schneer/Ray Harryhausen-Produktionen um phantasievoll-märchenhafte Unterhaltung für jung und alt. Wissenschaftliche Exaktheit oder gar sozialpolitische Intentionen gehen dabei natürlich verloren. Für Harryhausen war der Stoff eher ungeeignet, da er von der Anlage her wenig Anlaß zu spektakulären Animationseffekten bot. Dafür ist das Modell-Design ausgezeichnet.

Mit *The First Men in the Moon* war die Zeit der sogenannten Nostalgie-SF abgelaufen. 1964 gab es mit *Robinson Crusoe on Mars* (Notlandung im Weltraum, Regie: Byron Haskin) noch eine Verfilmung in Anlehnung an die hinlänglich bekannte klassische Vorlage von Daniel Defoe.

Zum modernen Robinson wird ein US-Astronaut, dessen Raumschiff auf dem Mars abstürzt. Als Außerirdische mit ihren fliegenden Untertassen auf dem Mars landen, um dort ihre Arbeitssklaven nach seltenen Erzen schürfen zu lassen, kommt er durch einen entlaufenen Gefangenen auch noch zu seinem Frei-

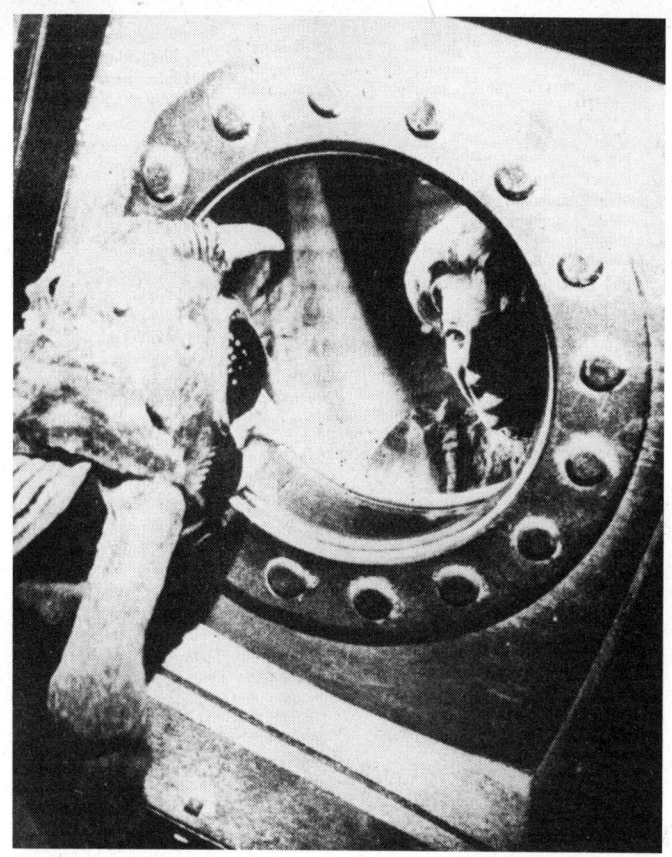

›First Men in the Moon‹ (Die erste Fahrt zum Mond) – Martha Hyer in Angst und Panik

tag-Pendant. So warten sie gemeinsam, bis endlich die erhoffte Rettung von der Erde eintrifft.

Obwohl die Science Fiction im viktorianischen Gewande keine cineastischen Kunstwerke von bleibendem Wert hervorgebracht hat, deuten sich in ihr bereits neue Entwicklungen im Genre an. Außerdem, was auch nicht vergessen werden sollte, bleibt ihr Unterhaltungswert bis heute ungebrochen.

5. Neue Wege: Die 60er Jahre

In den 60er Jahren verließ der Science-Fiction-Film die ausgetretenen Pfade und beschritt neue Wege. Nach dem Abebben der Massenproduktion des vergangenen Jahrzehnts kamen wesentlich weniger SF-Filme auf die Leinwand, so daß von einer regelrechten Genre-Produktion kaum noch gesprochen werden kann. Dafür bewegten sich aber die realisierten Filme auf einem qualitätsmäßig höheren Niveau als jemals zuvor.

Die mythischen Verkleidungen wurden fallengelassen; die Filme und ihre Aussagen wurden konkreter. Die Angst vor der Atombombe und der ihr nachfolgenden Radioaktivität sowie die Unterdrückung durch eine restriktive Gesellschaft und autoritäre Staatsführung wurden nicht mehr in den Bereich des Irrationalen verdrängt und dort symbolhaft verarbeitet, sondern klar beim Namen genannt. Wenn die Atombombe (die auch in den 60er Jahren kaum an thematischer Attraktivität eingebüßt hatte) gemeint war, so bevölkerten nicht mehr ins Gigantische projizierte Insekten oder aus ihrem Schlaf geweckte Urzeitriesen die Leinwand, sondern dann wurde dies auch deutlich. So fällt auch Stanley Kubricks makabre Groteske *Dr. Strangelove or How I Learned to Stop Worrying and Love the Bomb* (Dr. Seltsam oder wie ich lernte, die Bombe zu lieben, USA 1963), einer der besten Filme zu dieser Thematik, in jenen Zeitraum.

Renommierte Regisseure, die nicht auf SF spezialisiert waren, nahmen sich des phantastischen Sujets an und sorgten für ein höheres künstlerisches Niveau. Die Filme wurden politischer und gewannen (für das SF-Genre erstaunlich) zusehends an Aussagekraft. Kritik an bestehenden Zuständen, Ironisierung politischer Realitäten, atemberaubende visuelle Visionen, cineastische Manierismen sowie altbekanntes Abenteuerliches – dies alles läßt sich in den SF-Filmen der 60er Jahre wiederfinden.

Nachdem das Genre nostalgisch ins neue Jahrzehnt gestartet war, standen gleich zu Beginn Kinder im Vordergrund, die als unschuldige Opfer bedroht oder gar selbst zur Bedrohung wurden, wie in dem 1960 von Wolf Rilla gedrehten Film *Village of The Damned* (Das Dorf der Verdammten, GB 1960) nach dem Roman »The Midwich Cuckoos« des bekannten englischen SF-Autors

John Wyndham. Dort wird eine Variation der Invasionsthematik angeboten, die sich vom Stil der 50er Jahre doch deutlich unterscheidet.

Eine englische Kleinstadt wird ohne erklärbare Ursache für mehrere Stunden durch ein elektromagnetisches Feld von der Umwelt abgeschnitten. Nach dem Verschwinden des Feldes erwachen die Einwohner aus ihrer Ohnmacht und sind äußerlich unversehrt. Doch neun Monate später gebären zwölf Frauen merkwürdige Kinder, deren Wachstum und Entwicklung mit erstaunlicher Geschwindigkeit verläuft. Alle zwölf, sechs Jungen und sechs Mädchen, haben blondes Haar, eine hohe Stirn und große, stechende Augen. Sie entwickeln eine überdurchschnittliche Intelligenz und telepathische Kräfte, die sie schon im Alter von zehn Jahren allen Erwachsenen überlegen sein lassen. Dr. Gordon Zellaby (George Sanders), einer der nominellen Väter, findet die Wahrheit heraus. Die Kinder sind von Außerirdischen gezeugt worden, die auf diesem Wege wahrscheinlich eine Invasion vorbereiten wollen. Als sich einige der Bewohner der Kleinstadt gegen die als Gefahr empfundenen Kinder wenden, werden sie von diesen allein durch Geisteskraft zum Selbstmord getrieben.

Da beschließt Dr. Zellaby, daß die Kinder zur Verhütung weiteren Unheils vernichtet werden müssen. Er packt seine Aktentasche voller Sprengstoff und begibt sich in das Klassenzimmer der Kinder. Als sie seine Gedankensperre durchbrechen können, ist es bereits zu spät: Er sprengt sich mit ihnen zusammen in die Luft.

Der Film versteht es geschickt, seinen Schrecken zu transportieren. Die unbeweglichen Gesichtszüge sowie das unheimliche Aussehen der Kinder verfehlen ihre Wirkung nicht. Erheblichen Anteil daran hatte Make-up-Spezialist Eric Aylott, dessen eigens konstruierte Spezialperücken den Köpfen der Kinder die ungewöhnliche Form verliehen. Aber auch Regisseur Wolf Rilla lieferte gute Arbeit.

Nicht als Verursacher des Schreckens, sondern als hilflose Opfer schildert Joseph Losey die Kinder in seinem Film *The Damned* (Sie sind verdammt, GB 1961, US-Titel: »These are the Damned«). Losey, der als selbst erklärter Marxist während der McCarthy-Ära auf der schwarzen Liste stand, drehte einen eindrucksvollen Film, der u.a. die Skrupellosigkeit von Staat und Wissenschaft auf erschreckende Weise demonstriert. Die englische Produktionsfirma Hammer Films Ltd., ansonsten eher durch einschlägige Horror-Filme bekannt, produzierte erstaunlicherweise Loseys eindringliche Anklage gegen die Atombombe, brachte den fertigen Film dann aber erst nach zweijähriger Verzögerung und um rund zehn Minuten gekürzt in die Kinos.

Ein amerikanischer Tourist, Simon Wells (Macdonald Carey), macht Urlaub in dem englischen Küstenstädtchen Weymouth, wo er sich in das Mädchen Joan (Shirley Ann Field) verliebt. Beide werden ständig von Joans Bruder King (Oliver Reed) und dessen Rockergang belästigt, können aber in einem entlegenen Haus direkt an der Steilküste Zuflucht finden. Als sie von King dort entdeckt werden, fliehen sie und geraten dabei auf das Sperrgelände eines Geheimprojekts, welches von dem Wissenschaftler Bernard (Alexander Knox) unter der Stadt durchgeführt wird. Eingesperrt hausen unterirdisch insgesamt neun Kinder, die grausam mit Billigung der Regierung für wissenschaftliche Experimente mißbraucht werden. Seit ihrer frühesten Kindheit wurden diese menschlichen Versuchskaninchen radioaktiver Strahlung ausgesetzt, um so bei ihnen eine Widerstandsfähigkeit aufzubauen. Die strahlungsresistenten Kinder sollen einen zu erwartenden Atomkrieg überleben und anschließend auf der verseuchten Erde eine neue Zivilisation aufbauen. Die Kinder hatten niemals mit lebenden Menschen Kontakt, die ihnen Liebe und Wärme vermitteln konnten. Der Wissenschaftler Bernard unterrichtet sie über Fernsehmonitor, und die Angehörigen einer Spezialeinheit in schwarzen Schutzanzügen bleiben gesichtslos und anonym.

Joan und Simon stoßen auf diese Kinder, deren Körper sich eiskalt anfühlen, und sind entsetzt. Sie beschließen, die Unglücklichen zu befreien. Bei dem Versuch werden sie allerdings entdeckt. Die Kinder werden wieder eingefangen; Joan und Simon, die sich durch den Kontakt mit ihnen selbst radioaktiv verseucht haben, läßt man auf Simons Yacht entkommen, da sie unweigerlich sterben werden. Während das Boot auf die See hinausfährt, kreist über ihnen ein Hubschrauber wie ein Aasgeier, um ihr langsames Sterben zu beobachten und anschließend die Überreste zu verbrennen.

Der Film *The Damned* läßt seine Zuschauer nicht unbeeindruckt, wenn Bernard gegen Ende seine eigene Geliebte erschießt, weil diese kein Stillschweigen bewahren will, und zum Schluß nur noch die verzweifelten Hilfeschreie der mißbrauchten Kinder zu hören sind.

›The Damned‹ (Sie sind verdammt, GB 1961)

Die Skrupellosigkeit der Wissenschaft, die nach »logischen Gesichtspunkten« und mit unerbittlicher Konsequenz alles nur Erdenkliche für den sogenannten Ernstfall vorbereitet, wird schonungslos offengelegt. Ebenso zeigt Losey, daß sich als unmittelbare Einwirkung der Atombombe faschistoide Tendenzen im Staatswesen nachweisen lassen, welche Grundrechte und -freiheiten als untergeordnet erscheinen lassen. Unterschiede zwischen Kings Rockergang und der Spezialeinheit in ihren schwarzen Strahlenschutzanzügen lassen sich kaum nachweisen, nur daß Terror und Gewalt der letzteren größeren Schrecken hervorrufen und zudem noch staatlich sanktioniert sind.

Die Atombombe und die damit zusammenhängende Radioaktivität entspringen bei Losey keinem metaphysischen Urgrund und werden auch nicht als gottgewollte Bestrafung der Menschheit gewertet; verantwortlich zu machen sind vielmehr gesellschaftliche und politische Machtverhältnisse.

Auch in *Children of The Damned* (GB 1963), einer Variation des Rilla-Films *Village of the Damned,* stehen wiederum Kinder im Mittelpunkt, die unter der Mitwirkung Außerirdischer mit außergewöhnlichen geistigen Kräften auf die Welt kommen. Diese Kinder werden in London zusammengeführt, wo man an ihnen die Beschaffenheit einer zukünftigen Rasse erforschen will. Doch unter den beiden leitenden Wissenschaftlern (Alan Badel und Ian Hendry) kommt es zum Streit, und einer von ihnen möchte die Kinder ermorden lassen. Der Film gipfelt in einer Konfrontation zwischen dem Militär und den Kindern, die in einer verfallenen Kirche Zuflucht gesucht haben. Obwohl sie keine direkte Bedrohung darstellen, wird (durch Zufall) das Feuer eröffnet, und die Kinder werden getötet.

Auch bei diesem, von Anton M. Leader inszenierten Film sind die Kinder Opfer der skrupellos Herrschenden.

Die Atombombe blieb auch für den Science-Fiction-Film der 60er Jahre ein dominierendes Thema. Während Joseph Losey mit *The Damned* ein ausgezeichnetes Beispiel für eine filmische Verarbeitung dieser Problematik lieferte, erweist sich Ray Milland mit seinem Film *Panic in the Year Zero* (USA 1962) als ausgesprochen kalter Krieger (Milland führt Regie und spielt gleichzeitig die Hauptrolle).

Als Harry Baldwin, das typische Oberhaupt einer typisch amerikanischen Familie, begibt er sich mit seiner Frau (Jean Hagen), seiner Tochter (Mary Mitchel) und seinem Sohn (Frankie Avalon) auf einen Campingausflug. Kurz nachdem sie Los Angeles verlassen haben, wird die Stadt durch eine Atombombenexplo-

›Children of the Damned‹ (GB 1963)

sion vernichtet. Harry bricht daraufhin sofort in ein Waffenge-schäft ein und versorgt sich mit Gewehren und Munition. Seiner Meinung nach kann jetzt nur noch derjenige überleben, der sich mit Gewalt durchsetzen kann. Der Rest der Familie ist zunächst überrascht, doch als die Tochter entführt und vergewaltigt wird und Vater und Sohn die Verbrecher anschließend kaltblütig über den Haufen schießen, ist die Welt schon fast wieder in Ordnung. Milland vergißt bei seinem Plädoyer für eine Law-and-Order-Ideologie, welche er als einzige Möglichkeit zum Überleben in der nach dem Dritten Weltkrieg zu erwartenden Barbarei hinstellt, daß ausgerechnet diese Denkungsart einen Krieg überhaupt erst herbeiführt.

Der wahre Irrsinn unseres sogenannten »Gleichgewichts des Schreckens« in der Hand einiger unberechenbarer neurotischer und paranoider Militärstrategen wurde ein Jahr später mit *Dr. Strangelove or How I Learned to Stop Worrying and Love the Bomb* (USA 1963) von Stanley Kubrick zynisch und schonungslos vorgeführt.

Kubrick hatte ursprünglich den zugrunde liegenden Roman »Red Alert« (1958) von Peter George vorlagengetreu in einen ernsthaften, dramatischen SF-Film umsetzen wollen, stieß aber schon während der Vorbereitungsphase auf Schwierigkeiten: »Ich fühlte mich selbst hin- und hergerissen bei dem Bemühen, die Details für eine Szene festzulegen, und fürchtete, daß Publikum würde lachen. Nach einigen Wochen aber begriff ich, daß diese absurden Teile der Realität näher an der Wahrheit waren als irgend etwas anderes, was ich mir vorstellen konnte. An diesem Punkt beschloß ich, aus der Story eine Alptraum-Komödie zu machen.«

Zusammen mit Terry Southern und Peter George verfaßte Kubrick das Drehbuch zu einer makaber-ironischen Groteske über den drohenden nuklearen Weltuntergang.

General Jack D. Ripper (Sterling Hayden), Kommandant einer Luftwaffenbasis, dreht durch und löst somit den Ernstfall aus. In seiner paranoiden Furcht, die Kommunisten wollten ihm an die Körpersäfte, gibt er seiner B-52-Bomberstaffel den Einsatzbefehl. Gleichzeitig läßt er den Stützpunkt hermetisch abriegeln und alle privaten Rundfunkempfänger beschlagnahmen.

Während die Atombomber ihre Ziele in der UdSSR ansteuern, von denen sie alle nicht mehr als zwei Stunden entfernt sind, erklärt General Ripper seinem englischen Adjutanten Group Captain Lionel Mandrake (Peter Sellers) den Grund für seine Tat. Nicht länger habe er kommunistische Infiltration, kommunistische Indoktrination, kommunistische Subversion und die internationale kommunistische Konspiration dulden können. Außerdem hätten es die Sowjets auf seine Körpersäfte abgesehen. Sie trachteten danach, diese zu verunreinigen, um ihm so die Kraft für eine wirkungsvolle Verteidigung zu nehmen. So vermeide er auch den Kontakt mit Frauen, denn auch diese hätten es auf seine »Lebensessenz« abgesehen. Nach dem Verkehr mit ihnen hätte er immer ein »Gefühl der Leere« empfunden.

Dies geht auf tatsächlich tief verwurzelte Ängste und Neurosen in der amerikanischen Bevölkerung zurück. So waren die Furcht, Kommunisten könnten das Trinkwasser vergiften, oder der unbewußte Zusammenhang zwischen kommunistischen Kastrierern und dem befürchteten Potenzverlust weit verbreitet.

Präsident Merklin Muffley (ebenfalls Peter Sellers), der sehr überrascht ist, daß die Bomberflotte ohne seine persönliche Zu-

›Dr. Strangelove or How I Learned to Stop Worrying and Love the Bomb‹
(Dr. Seltsam, oder Wie ich lernte, die Bombe zu lieben, USA 1963)

stimmung starten konnte, ruft unterdessen den Krisenstab im »War Room« des Pentagon zusammen.

General »Buck« Turgidson (George C. Scott) erklärt ihm den sogenannten »Plan R«, der eine Vergeltung durch niedere Offiziere vorsieht.

Die B-52-Bomber können nur durch die Übermittlung eines bestimmten Codes zurückgerufen werden. Den kennt nur General Ripper, der seinen Stützpunkt völlig abgeriegelt und Befehl gegeben hat, auf jeden zu schießen, selbst wenn er eine amerikanische Uniform trägt, denn »der Feind hat viele Gesichter«.

General Turgidson schlägt vor, alle verfügbaren Kräfte sofort gegen die UdSSR zu mobilisieren und den Bombern hinterherzuschicken, ganz im Sinne von Ripper »zur Erhaltung des Vaterlandes und der westlichen Lebenskultur und zur Erhaltung der natürlichen Säfte«. Durch diesen massierten Überraschungsangriff könne man sich die reelle Chance eines Sieges ausrechnen, wobei Turgidson allerdings eiskalt Todesopfer in Millionenhöhe einkalkuliert. Der Präsident möchte aber nicht als größter Massenmörder aller Zeiten in die Geschichte eingehen und lehnt ab.

Über das rote Telefon bemüht er sich, seinen sowjetischen Kollegen Premier Dimitri Kissof zu erreichen, der sich dabei als völlig betrunken herausstellt.

Der eilens herbeigerufene Sowjetbotschafter erläutert unterdessen dem versammelten Präsidentenstab, daß die UdSSR erst kürzlich eine Weltvernichtungsmaschine, die Ultima ratio aller Waffen, installiert habe, die, sobald eine Bombe detoniert, automatisch zum Gegenschlag ausholt und sich auch nicht mehr ausschalten läßt. Alles tierische und menschliche Leben auf der Erde würde für die nächsten 93 Jahre ausgelöscht, ohne daß man etwas dagegen unternehmen könne. Wegen seiner Vorliebe für Überraschungen habe der Premier diese Wundermaschine erst auf dem nächsten Parteikongreß vorstellen wollen.

Präsident Muffley bietet an, die Positionen der amerikanischen Flugzeuge bekanntzugeben, falls ein Rückruf endgültig mißlingen sollte. So könnten sie von den Sowjets abgeschossen werden, ehe sie irgendeinen Schaden anrichten

Zur gleichen Zeit wird Rippers Luftwaffenstützpunkt gewaltsam von anderen Truppen eingenommen. Diese Szenen, von Kubrick teilweise selbst mit der Handkamera aufgenommen, besitzen die Realistik von Wochenschauaufnahmen.

General Ripper aber, der befürchtet, unter Folter nicht schweigen zu können, begeht Selbstmord, ehe der Code in Erfahrung gebracht werden kann. Seinem Adjutanten Mandrake fallen allerdings die immer wieder niedergeschriebenen Worte »Purity of Essence« (Reinheit der Säfte) ins Auge. Tatsächlich entpuppen sich die Anfangsbuchstaben als Teile des Rückrufcodes. Auf das Stichwort »O.P.E.« hin drehen die Flugzeuge ab. Die Situation scheint noch einmal gerettet – bis die Nachricht durchkommt, daß ein Bomber immer noch weiter seinen tödlichen Kurs steuert.

Es handelt sich um die angeschossene B-52 des texanischen Majors »King« Kong (Slim Pickens), bei der der Codeempfänger ausgefallen ist. Außerdem hat sie wegen Treibstoffmangels den Kurs geändert und entgeht dank ihres Tieffluges sämtlicher sowjetischer Radarortung. Am Zielpunkt geleitet Major Kong die Atombomben höchstpersönlich zur Erde. Mit einem Texashut geschmückt reitet er auf ihnen wie bei einem Rodeo.

Als das Ende abzusehen ist, lauschen die im »War Room« Versammelten den Post-Doomsday-Phantasien des deutschen Wissenschaftlers Dr. Seltsam (Peter Sellers in seiner dritten Rolle). Einen elitären Teil der Menschheit will er in unterirdischen Bergwerksstollen überleben lassen – natürlich auch die Führungsspitzen aus Politik und Militär. Sein künstlicher Arm zuckt unkontrolliert, während er in spastischer Verzückung ausführt, daß auf jeden Mann zehn Frauen fallen würden. Schließlich erhebt er sich mühsam aus dem Rollstuhl und humpelt unbeholfen auf den Präsidenten zu: »Mein Führer – ich kann gehen!«

Anschließend vergeht die Welt unter Atompilzen zu den Klängen einer romantischen Schnulze (»We'll meet again, don't know where, don't know when – but it will be some sunny day«).

Dr. Strangelove ist ein brillanter Film, dem wirklich nichts heilig ist. Die Politiker und Militärs werden schonungslos entlarvt und mit beißender Ironie charakterisiert.

Die längst in die Realität integrierten absurden Details erscheinen durch die realistische Ausstattung der Interieurs um so erschreckender. Produktionsdesigner Ken Adam lieferte eine überzeugende Nachbildung des sich tatsächlich im Pentagon befindenden »War Room«, und auch die B-52-Bomber sind exakt ihren wirklichen Vorbildern nachempfunden. Kubrick als brillantem Regisseur stand eine ausgezeichnete Schauspielerbesetzung zur Verfügung, bei der Peter Sellers in drei Rollen gleichzeitig glänzt.

Vor allem seine Verkörperung des deutschen Wissenschaftlers Dr. Seltsam, dessen künstlicher Arm sich immer noch zum Hitler-Gruß strecken will, ist eine böse, aber treffende Attacke auf die ehemaligen Nazi-Wissenschaftler, die sofort nach Kriegsende in die Dienste der Amerikaner eintraten, ohne ihre ideologische Vergangenheit zu reflektieren.

Der Film mag in Teilen noch so grotesk anmuten, übertrieben ist mithin nur wenig. Die Horrorgestalten aus *Dr. Strangelove* befinden sich tatsächlich unter uns. Und auch das System, welches uns in vorgezeichneten Bahnen offenen Auges auf die Katastrophe zusteuern läßt, ist keine Fiktion, sondern bittere Realität.

Einen ernsthaft angelegten Film gleicher Thematik drehte Sidney Lumet mit *Fail Safe* (Angriffsziel Moskau, USA 1964, nach einem Roman von Eugene Burdick und Harvey Wheeler) ein Jahr später. Dort führt ein Routinealarm zur Katastrophe, bei dem sich ein Teil der Bomberstaffel nicht mehr zurückrufen läßt. Als daraufhin Moskau durch eine amerikanische Atombombe vernichtet wird, erklärt sich der Präsident der Vereinigten Staaten (Henry Fonda) zur Vermeidung eines nuklearen Weltkrieges freiwillig dazu bereit, New York dem Erdboden gleichzumachen.

Fail Safe ist wegen der stets durchklingenden patriotischen und pathetischen Untertöne zwar längst nicht so gelungen wie *Dr. Strangelove,* aber eine warnende Wirkung läßt sich auch ihm nicht absprechen.

In der realistischen Aufbereitung noch weiter ging Peter Watkins mit seinem Film *The War Game* (GB 1966), den er für die britische Fernsehgesellschaft BBC inszenierte. Watkins läßt eine militärische Konfrontation zwischen der NATO und dem Warschauer Pakt ausbrechen. Als das westliche Bündnis beschließt, taktische Atomwaffen auf dem »Schlachtfeld« Europa einzusetzen, reagieren die Sowjets mit einem Präventivschlag. Der als fiktive Fernsehreportage angelegte Film schildert nun die Ereignisse in der englischen Grafschaft Kent nach der Explosion dreier Atombomben.

Überall liegen verbrannte Leichen; grausig zugerichtete Menschen werden durch Gnadenschuß von ihren Leiden erlöst. Die Überlebenden der unmittelbaren Explosion gehen langsam am radioaktiven Niederschlag zugrunde. Polizei, Ärzte und Zivilschutz sind hilflos und hoffnungslos überfordert.

Als es zu Plünderungen und Widerstand kommt, werden standrechtliche Erschießungen angeordnet. Der Film endet drei Monate nach dem Angriff an einem Weihnachtsabend, der in einem Flüchtlingslager in trauriger Stimmung gefeiert wird. Die Menschen sind nur noch von Hoffnungslosigkeit erfüllt. Ein Kind antwortet auf die Frage eines Reporters, was es denn später einmal werden wolle: »Ich will gar nichts werden.« Aber gibt es überhaupt ein Später?

The War Game (zu dt. Kriegsspiel) weidet nicht sensationslüstern ein dramatisches Geschehen aus, sondern zeigt vielmehr ohne jegliche Beschönigung das, was die Zivilbevölkerung beim sogenannten Ernstfall wirklich zu erwarten hätte. Die nüchterne, scheinbar emotionslose Bestandsaufnahme der grauenhaften Geschehnisse lassen den Schrecken um so eindringlicher und realistischer erscheinen. Der fiktive Reportagencharakter tut ein übriges.

Watkins wollte mit seinem Film aufrütteln; er wollte vor der Gefahr warnen, die uns allen von dem gigantischen Atomwaffen-Vorrat droht, der mittlerweile auf der Erde gelagert wird. Doch die BBC verbot die Fernsehausstrahlung von *The War Game,* angeblich um die Bevölkerung nicht zu beunruhigen. Der Film gelangte nur in die Kinos.

Absurd und grotesk gestalten sich die Geschehnisse nach dem nuklearen Holocaust wieder in Richard Lesters *The Bed Sitting Room* (Danach, GB 1969).

Die letzten Überlebenden des Dritten Weltkrieges versuchen dabei verzweifelt, ihr weiteres Leben als so normal wie möglich anzusehen. So gibt der britische Premierminister einem BBC-Reporter gelassen ein Interview über die Zukunft des Landes, und ein Kirchenfürst hält seine Gottesdienste unter Wasser ab, da sich die Überreste der St. Pauls-Kathedrale in einem morastigen Teich befinden.

Lester, der vornehmlich durch seine Filme mit den »Beatles« bekannt geworden ist, läßt seine Hauptpersonen in surreal anmutenden Szenerien agieren, in denen sie krampfhaft bemüht sind, ihre eingefahrenen Bahnen (die mit die Ursachen für den Atomkrieg gewesen sein dürften) nicht zu verlassen.

Mit *Dr. Strangelove, The War Game, The Bed Sitting Room* und unter Einschränkung auch *Fail Safe* boten die 60er Jahre gelungene Betrachtungen des Doomsday- und Post-Doomsday-Motivs, ausgelöst durch die Atombombe und ihre Folgen. Die mythischen

Schleier wurden endgültig zerrissen. Die atomare Katastrophe wurde als logische Konsequenz politischer sowie militärischer Macht- und Herrschaftsverhältnisse hingestellt, welche durch ihre festgelegten Funktionsbahnen geradezu den nuklearen Kollaps herbeiführen müssen.

Ein unmenschliches System beschreibt Jean-Luc Godard in seinem Film *Alphaville – Une Étrange Aventure de Lemmy Caution* (Lemmy Caution gegen Alpha 60, Frankreich 1965), in dem er »die Gegenwart der Zukunft« (Godard) schildert. Agent Lemmy Caution (Eddie Constantine als lebender Kino-Mythos) kommt inkognito als Iwan Johnson aus New York, Reporter der Zeitung »Figaro-Prawda«, nach Alphaville, der Hauptstadt der Milchstraße. Die trostlose Stadt wird von dem gewaltigen Elektronengehirn Alpha 60 beherrscht, das von Professor von Braun (Howard Vernon) konstruiert wurde. Den Bewohnern sind jegliche Gefühlsregungen verboten; ein Wort wie »Liebe« darf bei Strafe nicht verwendet werden. Unliebsame Elemente, die sich nicht einfügen wollen, werden in einem Schwimmbad exekutiert oder in den Selbstmord getrieben. Das menschliche Wertgefühl ist völlig durcheinandergebracht. Johnson erhält Natascha (Anna Karina), Prof. von Brauns Tochter, als Betreuerin zugeteilt. Über sie versucht er, Kontakt zu ihrem Vater aufzunehmen. Zum Schluß wird er verhaftet und von Alpha 60 verhört. Doch Lemmy Caution kann dem Elektronengehirn Fragen stellen, die es nicht beantworten kann und die schließlich zu seinem »Tod« führen. Daraufhin wird Alphaville zu einer sterbenden Stadt, deren lebensuntüchtig gewordene Bewohner wie Marionetten hin und her schwanken und einem sicheren Tode entgegengehen. Doch Lemmy Caution kann zusammen mit Natascha aus Alphaville entkommen. In ihr kann er wieder die Erinnerung an Liebe und Poesie wecken, was sie zum Weiterleben befähigt. Jean-Luc Godard zeigt mit seinem extrem stilisierten Film *Alphaville,* der fast ausschließlich aus Kino- und Literaturzitaten besteht, den Gegensatz zwischen Kunst und Technik auf. Alphaville steht für die völlig technokratisch ausgerichtete Welt, in der jegliche menschliche Gefühlsregungen unterdrückt und sämtliche künstlerische Manifestationen ausgerottet werden. Lemmy Caution, an sich der Prototyp des eiskalten, zynischen Kino-Agenten, besiegt diese Welt, indem er Alpha 60 mit den Phänomenen Liebe und Poesie konfrontiert, denen das Elektronengehirn nichts entgegenzusetzen

›Alphaville – Une Étrange Aventure de Lemmy Caution‹ (Lemmy Caution gegen Alpha 60, Frankreich 1965)

hat. Die Kunst siegt über die Technokratie, weil letztere durch gefühllose Logik nur noch ein menschenunwürdiges Leben ermöglicht.

Der Film kommt gänzlich ohne futuristische Dekorationen aus, vielmehr wurde in der realen Stadtlandschaft von Paris gedreht, die nachts bei Neonlicht und leerer Stadtautobahn kalt und beklemmend wirkt.

Eine andere, aber auch nicht erstrebenswertere Zukunft zeigt François Truffauts Film *Fahrenheit 451* (Fahrenheit 451, GB 1965) nach dem gleichnamigen Roman von Ray Bradbury. Die Hauptperson ist Guy Montag (Oskar Werner), ein Feuerwehrmann, der in einer vom Fernsehen beherrschten Welt lebt. Das Bücherlesen ist bei Strafe verboten und die Besitzer derselben werden als Staatsfeinde abgeurteilt. Die Bücher, welche stellvertretend für kulturelle Werte stehen, sollen völlig aus der Welt getilgt werden – und mit ihnen die menschliche Individualität.

So ist es auch nicht mehr die Aufgabe der Feuerwehr, Brände zu löschen, sondern selbst welche zu legen. Die Feuerwehrleute müssen Bücher ausfindig machen und verbrennen. Montag ist mit seinem Beruf, der ihm eine hoffnungsvolle Karriere verspricht, zufrieden. Doch eines Tages trifft er eine Lehrerin, die seiner Frau Linda (Julie Christie in zwei Rollen) täuschend ähnlich sieht und Zweifel in ihm wachruft. Als er dann noch während eines Einsatzes erlebt, wie sich eine alte Frau lieber mit ihren Büchern verbrennen läßt anstatt sie preiszugeben, ist sein Interesse endgültig geweckt. Er beginnt, selbst Bücher zu lesen, die ihm eine neue Welt eröffnen. Doch seine Frau Linda, die den ganzen Tag vor dem Fernsehschirm verbringt, welcher eine ganze Wandseite einnimmt, denunziert schließlich ihren eigenen Mann. Montag gelingt es aber, in den Wald zu den »Büchermenschen« zu fliehen. Jeder von ihnen hat es sich zur Aufgabe gemacht, ein Buch Wort für Wort auswendig zu lernen, um es auf diese Weise der Nachwelt zu erhalten. Das Schlußbild zeigt die »Büchermenschen«, die auch jeweils den Namen ihrer Bücher angenommen haben, wie sie jeder für sich leise ihren Text rezitierend durch den winterlichen Wald schreiten. Von einem »Happy End« kann hierbei nicht gesprochen werden, denn die »Büchermenschen« wirken mit ihrem stumpfsinnigen Auswendiglernen genauso isoliert und erstarrt wie die Konsumenten des phantasietötenden Fernsehens.

François Truffaut antwortete in einem Interview auf den Vorwurf, daß die Idee der »Büchermenschen« doch recht absurd sei und dem Buch widerspreche: »Ich fand (...) den Einfall, in einer Gesellschaft, die Bücher verbietet, Bücher auswendig zu lernen, ausgesprochen listig. Das hat mir gefallen. Was man auswendig im Kopf hat, kann einem keiner wegnehmen. Das finde ich gut. Besser als die Vorstellung, jetzt gegen die Feuerwehrmänner anzutreten oder gegen die Regierung dort zu arbeiten. Man nimmt sich, was man haben will, ohne daß die Welt es bemerkt. Aber man hat es. Das Resultat zählt.«

Kameramann von *Fahrenheit 451* war übrigens Nicholas Roeg, dem die von einer kalten Atmosphäre bestimmten Bilder gelangen und der später selbst ins Regie-Fach wechselte.

Um die zerstörerische Macht der Medien geht es auch in *La Decima Vittima* (Das zehnte Opfer, Frankreich/Italien 1965, Regie:

Elio Petri) nach der Kurzgeschichte »The Seventh Victim« von Robert Sheckley.

Die Kriege wurden abgeschafft und die Aggressionen der Menschen kanalisiert. Aus diesem Grunde veranstaltet man sogenannte »Große Jagden«, die vom Fernsehen übertragen werden und für den jeweiligen Sieger Geld und Privilegien bedeuten. Opfer und Jäger kämpfen auf Leben und Tod miteinander (im Film Marcello Mastroianni in der Rolle des Opfers und Ursula Andress als Jägerin), bis beide zum unbefriedigenden Ende hin heiraten.

›Fahrenheit 451‹ (Fahrenheit 451, GB 1966) – Cyril Cusade, Oskar Werner

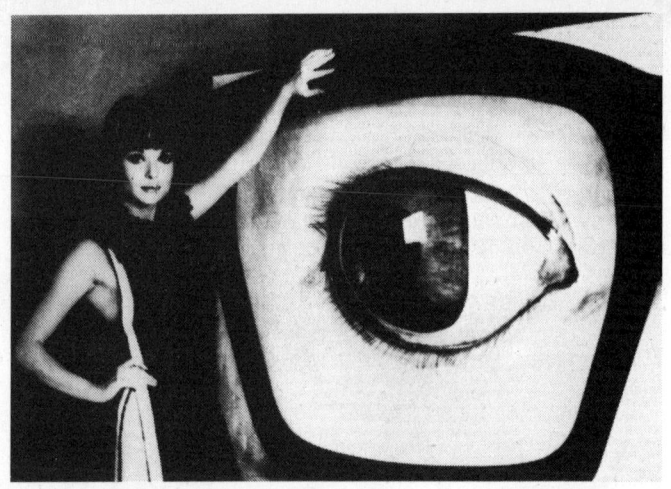

›La Decima Vittima‹ (Das zehnte Opfer)

Die Reisen in den Weltraum waren im SF-Film rar geworden. Seit im Jahre 1957 der erste russische »Sputnik« ins All gestartet war, gab es keine nennenswerten Produktionen dieser Thematik mehr. Das amerikanische Selbstbewußtsein war angeschlagen; der angebliche technologische Fortschritt gegenüber den Sowjets zunichte gemacht. In den Jahren darauf entwickelte sich ein rasanter raumfahrttechnischer Wettlauf zwischen den beiden Großmächten, welcher die Science Fiction buchstäblich überrollte. Zunächst mußte die tatsächliche Entwicklung abgewartet werden, ehe man wieder phantasievolle Prognosen wagen konnte.

Statt dessen wandte man sich anderen Gebieten zu, die zuvor noch kein Mensch betreten hatte. So führt bei *Fantastic Voyage* (Die phantastische Reise, USA 1966) die Reise in den Mikrokosmos.

Dr. Benes (Jean Del Val) hat ein Verfahren entwickelt, Menschen und Materie ohne zeitliche Begrenzung auf die Größe von Mikroben zu verkleinern, während der US-Geheimdienst für Mikrotechnik diese Verkleinerung nur 60 Minuten aufrechterhalten kann.

Grant (Stephen Boyd), Agent in den Diensten der USA, bringt

›La Decima Vittima‹ (Das zehnte Opfer, Italien 1965) – Ursula Andress

diesen wichtigen Wissenschaftler in die Vereinigten Staaten.
Doch gleich bei seiner Ankunft wird Dr. Benes durch ein Attentat
lebensgefährlich verletzt. Bewußtlos und mit einem Blutgerinnsel

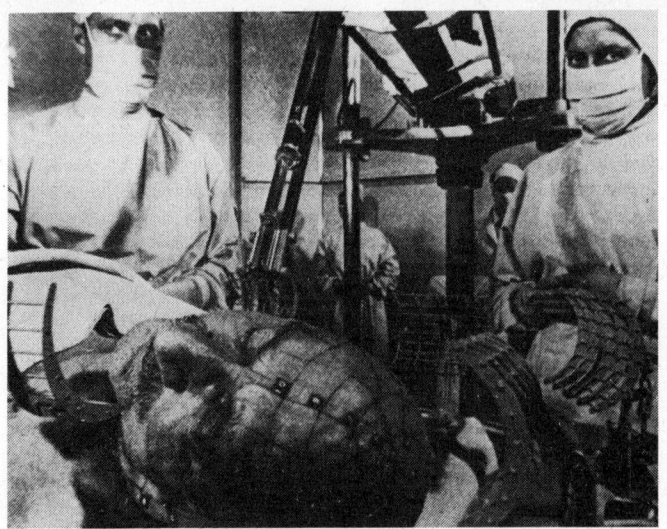

›Fantastic Voyage‹ (Die phantastische Reise, USA 1966) – Vorbereitung
zur Operation

im Gehirn wird er auf schnellstem Wege in das Labor der Mikro-
techniker geschafft. Das Leben des Wissenschaftlers muß auf jeden Fall gerettet werden. Die einzige Möglichkeit hierzu ist, das
Blutgerinnsel durch einen Laserstrahl von innen her zu beseitigen. General Carter (Edmond O'Brien) und der Chef des medizi-
nischen Stabes Dr. Reid (Arthur O'Connell) befehlen daraufhin
ein waghalsiges Projekt: Fünf Menschen in einem Spezial-U-Boot
werden auf Mikrobengröße verkleinert und mittels einer Spritze
in eine Arterie des bewußtlosen Patienten injiziert.

An dieser »phantastischen Reise« nehmen teil: US-Agent
Grant, der als Taucher die größte Erfahrung hat, der
Gehirnchirurg Dr. Duval (Arthur Kennedy), seine Assistentin
Cora Peterson (Raquel Welch), Dr. Michael (Donald Pleasence),
ein Kreislaufspezialist sowie der Erbauer und Navigator des Boo-
tes, Kapitän Bill Owens (William Redfield).

Den fünfen eröffnet sich ebenso wie den Zuschauern eine wahre Wunderwelt, doch das Unternehmen ist nicht ungefährlich.
Eine Fistel an der Arterienwand wird zum gefährlichen Hinder-

170

nis; der Herzschlag des Patienten wirbelt das U-Boot hin und her und droht es zu zertrümmern.

Doch obwohl sich noch Dr. Michael als Saboteur entpuppt, kann die Operation allen Schwierigkeiten zum Trotz erfolgreich durchgeführt werden. In letzter Sekunde können sie über eine Träne aus dem Auge des Patienten ins Freie gelangen, ehe die 60 Minuten verstrichen sind und sie wieder zu voller Größe anwachsen.

Fantastic Voyage schildert eine farbenprächtige Reise durch den menschlichen Körper. Regisseur Richard Fleischer war von diesem Thema sehr angetan: »Ich war einfach begeistert von diesem Projekt, weil ihm eine einzigartige Idee zugrunde lag – etwas, was ich nie zuvor gesehen hatte. Mich faszinierte die Idee einer Reise durch den menschlichen Körper und die Möglichkeit, ihn aus einer so ungewöhnlichen Perspektive zu zeigen.«

›Fantastic Voyage‹ (Die phantastische Reise) – die Reisenden: Stephen Boyd, Donald Pleasance, Arthur Kennedy, Raquel Welch

171

Bei allen Entwürfen bemühte man sich um wissenschaftliche Beratung, denn trotz der absurden Grundidee sollten die »Innenaufnahmen« aus dem menschlichen Körper doch möglichst realistisch gestaltet werden. So wird das Gehirn beispielsweise als ein Netz, bestehend aus riesigen pulsierenden Spinnweben, gezeigt, die von elektrischen Entladungen durchfahren werden.

Außerdem beschert uns *Fantastic Voyage* Busenstar Raquel Welch, die demonstriert, daß der menschliche Körper von innen wie von außen reizvoll anzuschauen ist.

›Fantastic Voyage‹ (Die phantastische Reise) – im Gehirn

›Fantastic Voyage‹ (Die phantastische Reise) – das Boot in Schwierigkeiten

Gleich die Hauptrolle spielt Raquel in dem Remake der englischen Produktionsfirma Hammer Films Ltd. von *One Million Years B.C.* (Eine Million Jahre vor unserer Zeit, GB 1966, Regie: Don Chaffey). Die uninteressante Story (das Buch schrieb Michael Carreras, der den Streifen auch gleichzeitig produzierte) erhält einen gewissen Reiz durch die auftretenden Saurier. Wurden bei der ersten Verfilmung des Stoffes 1940 von Hal Roach noch Aufnahmen echter Eidechsen verwandt, so griff man 1966 auf die Künste des Animationsexperten Ray Harryhausen zurück, der die tricktechnisch erinnerungswürdigen Sequenzen des Films gestaltete (so läßt er beispielsweise einen jungen Tyrannosaurus Rex eine Horde Steinzeitmenschen angreifen). In dem restlichen Film geht es darum, wer sich alles an Raquel Welch heranmacht. Einen weiteren Aufguß dieser Thematik lieferte Val Guest mit

173

›The Valley of Gwangi‹ (Gwangis Rache, USA 1968)

When Dinosaurs Ruled the Earth (Als Dinosaurier die Erde beherrschten, GB 1969), der ebenfalls von Hammer herausgebracht wurde. Hier übernahm Victoria Vetri den Part der fossilen Sexbombe.

Ein weiterer Saurierfilm entstand mit *The Valley of Gwangi* (Gwangis Rache, USA 1968, Regie: James O'Connolly), der trotz Ray Harryhausens Animation nichts Neues mehr bieten konnte. Eine Gruppe Cowboys entdeckt im Mexiko unserer Tage ein unzugängliches Tal, in dem noch Saurier leben. Einen Tyrannosaurus Rex verschleppen sie zu Schauzwecken in die Stadt (vgl. *King Kong* etc.), doch dort kann sich der Gigant befreien und zum Verwüstungsgang ansetzen, ehe er (wie schon seine zahlreichen Vorgänger) vernichtet wird.

Der Film beruht auf einem alten Stoff von Willis H. O'Brien *The Beast from Hollow Mountain*, USA 1956), der damals bereits antiquiert wirkte. Dennoch schob Harryhausen den Mißerfolg von *The Valley of Gwangi* auf die damals gerade grassierende Sex-Welle (»ein nackter Dinosaurier war nur nicht anstößig genug«).

Mit *Quatermass and the Pit* (Das grüne Blut der Dämonen, GB 1967), der außerhalb Großbritanniens unter dem Titel *Five Million Years to Earth* lief, wollte Hammer an den Erfolg der ersten beiden Quatermass-Filme in den 50er Jahren anknüpfen. Das Drehbuch schrieb Nigel Kneale; Regie führte Roy Ward Baker.

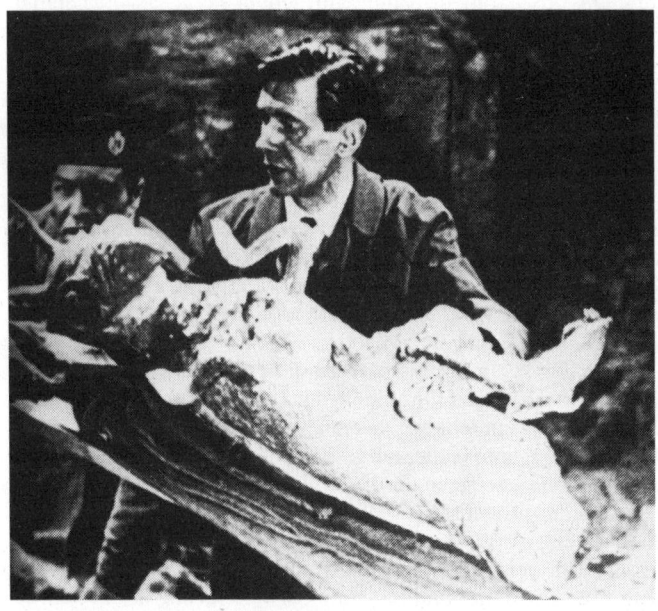

›Quatermass and the Pit‹ *(Das grüne Blut der Dämonen, GB 1967)*

175

Bei der Aushebung eines U-Bahn-Schachtes in London wird ein Raumschiff zutage befördert, für dessen Untersuchung der Raketenexperte Professor Quatermass (Andrew Keir) hinzugezogen wird. Innerhalb des Flugkörpers findet man die Überreste mehrerer großer, insektenähnlicher Kreaturen, als deren Herkunftsort Quatermass den Mars vermutet. Er findet schließlich heraus, daß die Außerirdischen vor mehreren Millionen Jahren, als ihr eigener Planet im Sterben lag, eine Invasion der Erde planten. Da sie selbst aber nicht in der Lage waren, auf der Erde zu überleben, entführten sie einige Affenmenschen zum Mars, um dort ihre Genstruktur zu ändern und sie geistig in Marsianer zu verwandeln. Diese derart manipulierten Steinzeitmenschen paarten sich nach ihrer Rückkehr auf die Erde mit anderen ihrer Spezies. So kommt Quatermass zu dem Schluß, daß unsere Evolution nicht auf natürlichem Wege, sondern durch einen marsianischen Eingriff ausgelöst wurde, und daß er und seine Zeitgenossen immer noch die einprogrammierte Genstruktur der Marsianer besitzen. Das ausgegrabene Raumschiff sendet das auslösende Signal, welches die Gen-Programmierung reaktiviert. Die marsianische Invasion beginnt fünf Millionen Jahre nach ihrer Planung. Doch ein Anthropologe (James Donald), der auch mit den Ausgrabungen beschäftigt war, kann Schlimmeres verhüten, indem er einen Baukran auf den marsianischen Flugkörper stürzen läßt, so daß jener wieder im Erdreich verschwindet.

Drehbuchautor Nigel Kneale lieferte eine ungewöhnliche Invasionsgeschichte, die sich geschickt alte Mythen zunutze macht. So erinnern die Marsianer mit ihrem gehörnten Kopf an die menschliche Vorstellung des Teufels oder anderer Dämonen, welche nach *Quatermass and the Pit* überhaupt erst die Entwicklung des Menschen in Gang gesetzt haben.

SF-mäßig beeinflußt wurden zu dieser Zeit auch genrefremde Produktionen, so der fünfte Film der James-Bond-Serie *You Only Live Twice* (Man lebt nur zweimal, GB 1966, Regie: Lewis Gilbert), in dem eine Geheimorganisation russische und amerikanische Raumfahrzeuge in der Erdumlaufbahn kidnappt. Die Raketenbasis der Organisation befand sich in einem erloschenen Vulkan auf einer Insel vor der Küste Japans. Diese Raketenbasis im Krater wurde in den Pinewood-Studios für über eine Viertelmillion Pfund errichtet und dabei nur in einer Szene des Films verwendet.

›You Only Live Twice‹ (Man lebt nur zweimal, GB 1966)

Klangen bereits in den Hammer-»Steinzeit«-Produktionen erotische Untertöne an, so gaben sich Sex und Science Fiction in *Barbarella* (Barbarella, F. 1967) endgültig ein Stelldichein. Die Hauptrolle der irdischen Raumagentin Barbarella spielte Jane Fonda, deren Körper bereits zum ersten Male während des Vorspanns ausgebeutet wird. Bei Schwerelosigkeit entledigt sie sich ihres Raumanzuges, wobei die intimen Blößen »zufällig« durch Vorspanntitel verdeckt werden.

Barbarella wird mit der Aufgabe betraut, den verschwundenen Wissenschaftler Durand-Durand mitsamt seiner Super-Geheimwaffe ausfindig zu machen. Bei ihrer Suche gelangt sie nach Sogo, dem Planeten der Schwarzen Königin (Anita Pallenberg), dessen Hauptstadt auf einem lebenden, meerähnlichen Organismus, dem sogenannten Matmos, errichtet ist. In dieser Metropole der

177

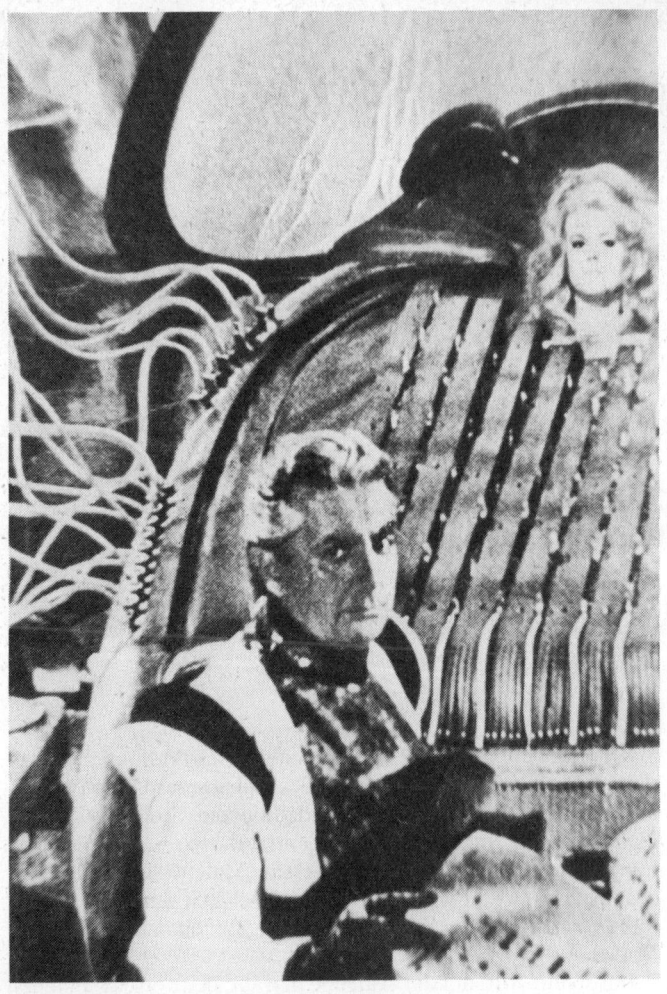

›Barbarella‹ (Barbarella, Frankreich 1967)

Dekadenz und sexuellen Begierde wird Barbarella vom bösen Premierminister (Milo O'Shea) in eine Lustorgel gesteckt, mit der sie gefoltert und schließlich getötet werden soll. Aber Barbarella

›Barbarella‹ (Barbarella)

ist in dieser Beziehung einiges gewöhnt und genießt die Prozedur, bis die Maschine qualmend ihren Geist aufgibt. Der Premierminister, der in Wirklichkeit der verschwundene Wissenschaftler ist, schießt daraufhin mit seiner Super-Geheimwaffe wild um sich, bis der Matmos ausbricht und die Stadt und ihre Einwohner verschlingt. Nur Barbarella und ihr blinder Engel (John Philip Law) können entkommen.

Der von Roger Vadim nach dem gleichnamigen Comic-Strip von Jean Claude Forest inszenierte Film gebärdet sich parodistisch, wirkt über weite Strecken aber eher albern. Barbarella führt, wenn sie nicht gerade gefoltert wird, irgendwelche Männer in die Liebeskunst ein. Diese Mischung aus Sex, Sadismus und ironischen Anspielungen wirkt schnell ermüdend. Nur wenige Szenen besitzen durchschlagenden Witz, so z.B. als Barbarella mit

179

›Barbarella‹ (Barbarella) – John Philip Law, Jane Fonda

einem Untergrundanarchisten Liebe via Sexpillen ausprobiert. Sehr interessant sind dafür die surreal-bizarren Dekorationen von Enrico Fea, die Organisches mit Gegenständlichem vermengen.

›The Illustrated Man‹ (Der Tätowierte, USA 1968)

1968 war ein Jahr der großen und erfolgreichen SF-Produktionen wie *Planet of the Apes* oder *2001*.

Weniger beachtet wurde dagegen *The Illustrated Man* (Der Tätowierte, USA 1968, Regie: Jack Smight), eine Verfilmung des gleichnamigen Buches von Ray Bradbury.

Im Mittelpunkt steht ein Mann, dessen gesamter Körper von Tätowierungen bedeckt ist, die alle jeweils für eine bestimmte Geschichte stehen. Im Film, für den drei Geschichten des Buches ausgewählt wurden, spielt Rod Steiger den Tätowierten und außerdem noch neben Claire Bloom in jeder der drei Episoden eine Hauptrolle. *The Illustrated Man* fiel allgemein bei der Kritik durch, weil er seiner literarischen Vorlage nicht gerechtwurde und die einzelnen Geschichten nicht zu einer Gesamtstruktur zu verbinden verstand.

Ein überaus großer Erfolg war dagegen der von Franklin J. Schaffner inszenierte Film *Planet of the Apes* (Planet der Affen, USA 1968), den die Twentieth Century Fox noch vor der lange erwarteten SF-Sensation der Konkurrenz (MGMs *2001*) herausbrachte. Der Film basiert auf dem gleichnamigen Roman von Pierre Boulle (Autor von »Die Brücke am Kwai«), der allerdings eher eine Parabel auf die menschliche Gesellschaft darstellt, wohingegen sich der Film mehr auf die Action-Elemente konzentriert.

Die drei Astronauten Dodge (Jeff Burton), Landon (Robert Gunner) und Taylor (Charlton Heston) müssen mit ihrem Raumschiff auf einem fremden Planeten notlanden. Nach einem langen und erschöpfenden Marsch durch eine Wüste stoßen sie auf menschliche Lebewesen, die auf einer primitiven Kulturstufe stehen und von bewaffneten Gorillas zu Pferde gejagt werden. Entsetzt müssen sie feststellen, daß sich die Evolution auf diesem Planeten offenbar ins Gegenteil verkehrt hat: Menschen werden als Tiere angesehen und behandelt. Dodge wird von den Affen umgebracht (er landet später ausgestopft im Naturkunde-Museum); Landon wird betäubt und durch Experimente schwachsinnig gemacht; Taylor wird verwundet und landet im Tier-Hospital.

›Planet of the Apes‹ (Planet der Affen)

›Planet of the Apes‹ (Planet der Affen, USA 1968) – Taylor (Charlton Heston) und Zaius (Maurice Evans)

Seine Halsverletzung hindert ihn am Sprechen. Als Taylor aber später seine Stimme wiedererlangt, kann er die beiden Schimpansen-Wissenschaftler Dr. Zira (Kim Hunter) und Cornelius (Roddy McDowall) davon überzeugen, daß er ebenso wie sie sprechen, schreiben und lesen kann. Vergeblich versucht er aber zu erklären, daß er von einem fremden Planeten kommt. Zira und Cornelius unterziehen Taylor vielen Tests und geben ihm als Käfiggenossin Nova (Linda Harrison), eine primitive Eingeborene.

Als der Orang-Utan Dr. Zaius (Maurice Evans), einer der Führer des Affenstaates, ebenfalls bemerkt, daß Taylor, im Gegensatz zu den übrigen Menschen des Affenplaneten, intelligent ist, will er ihn durch eine Gehirnoperation für immer zum Schweigen bringen. Doch Zira und Cornelius verhelfen Taylor und Nova zur Flucht und gelangen gemeinsam mit ihnen in die »Verbotene Zone«. Dort werden sie von Zaius und seinen Gorillas eingeholt. In dieser Situation nimmt sich Taylor Zaius als Geisel, bis die Gorillas sich zurückziehen. Da gesteht der alte Orang-Utan, daß er bereits seit langem von der Existenz einer überlegenen menschlichen Rasse gewußt habe. Taylor läßt ihn unter der Bedingung frei, daß er nichts gegen Zira und Cornelius unternehmen werde. Dann macht er sich gemeinsam mit Nova auf den Weg in das Innere der »Verbotenen Zone«. Dort entdeckt er die Überreste der amerikanischen Freiheitsstatue und erkennt die grauenvolle Wahrheit: Während seines Fluges hat er die Raum-Zeit-Barriere durchbrochen. Er befindet sich nicht auf einem Affenplaneten fernab seiner Heimat, sondern erlebt vielmehr die Erde nach einem Atomkrieg.

Der Film fand so großen Anklang beim Publikum, daß Produzent Arthur P. Jacobs insgesamt noch vier Fortsetzungen nachfolgen ließ.

In *Beneath the Planet of the Apes* (Rückkehr zum Planet der Affen, USA 1970, Regie: Ted Post) folgt Astronaut Brent (James Franciscus) mit seinem Raumschiff den Spuren des verschollenen Taylor und landet ebenfalls auf dem Affenplaneten. Die »Verbotene Zone« wird von menschlichen Mutanten bevölkert, die eine Superbombe als Gott verehren. Dank der Explosion dieser »Gottheit« löst sich die Erde am Schluß des Films in ihre Bestandteile auf.

In *Escape from the Planet of the Apes* (Flucht vom Planet der Affen, USA 1971, Regie: Don Taylor) gelingt es allerdings drei Schimpansen, mit einem Raumschiff die Erde vor deren endgültiger Vernichtung zu verlassen. Sie durchbrechen die Raum-Zeit-Barriere in entgegengesetzter Richtung und gelangen in die USA der Gegenwart.

1972 folgte dann noch *Conquest of the Planet of the Apes* (Eroberung vom Planet der Affen, Regie: J. Lee Thompson) und ein

Jahr später *Battle for the Planet of the Apes* (Kampf um den Planet der Affen, USA 1973, Regie ebenfalls J. Lee Thompson), die aber den Erfolg des Originals schon längst nicht mehr wiederholen konnten.

In den USA wurde neben einer Fernseh- und Comic-Serie die Affenthematik noch weiter vermarktet.

Planet of the Apes war sicherlich kein anspruchsvoller Film, fand aber als gut gemachter Abenteuerstreifen sein großes Publikum. Einen großen Anteil am Erfolg hatte sicherlich die Kunst

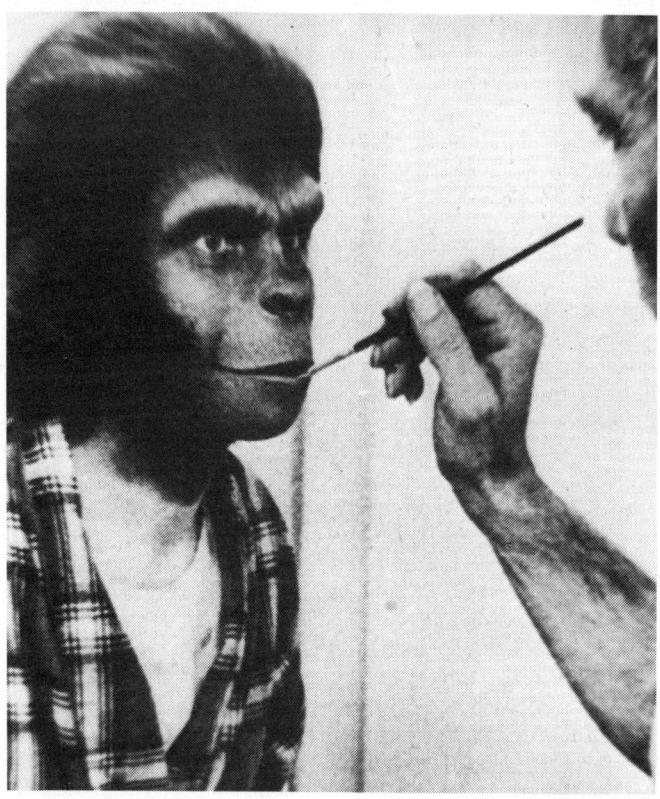

›Planet of the Apes‹ (Planet der Affen) – Kim Hunter (Zira) beim allmorgendlichen Make-up

des Maskenbildners John Chambers, der die sehr realistisch wirkenden Affenmasken anfertigte, welche auch beim Mienenspiel sowie um die Augen- und Mundpartie völlige Echtheit vortäuschen konnten. Überhaupt gehören die visuellen Aspekte zu den Stärken des Films. So verfehlte der Anblick bewaffneter und gepanzerter Gorillas zu Pferde seine Wirkung auf die Kinozuschauer nicht. Auch die Architektur der Affenstadt, die sich an alten Felsbehausungen orientierte, welche mittels Brücken und gewundenen Stegen untereinander verbunden wurden, war interessant gestaltet. Eine ganze Siedlung entstand auf dem Fox-Filmgelände nahe der California-Berge. Dabei wurden die Gebäude in den Außenbezirken absichtlich immer kleiner gebaut, um durch künstliche Perspektive eine größere Ausdehnung vortäuschen zu können.

Im gleichen Jahr wie *Planet of the Apes* kam nach mehrjährigen Dreharbeiten *2001 – A Space Odyssey* (2001 – Odyssee im Weltraum, USA 1968) von Stanley Kubrick in die Kinos, der in epischer Breite nach Motiven der Kurzgeschichten »The Sentinel« und »Childhood's End« von Arthur C. Clarke die Geschichte der Menschheit erzählt und die Grenzen des bisher Dagewesenen sprengte.

Der Film beginnt in der Frühzeit des Menschen, in der die Filmbilder durch langsames Ein- und Ausblenden Ruhe und Erstarrtheit ausstrahlen. Hier taucht zum ersten Male ein geheimnisvoller schwarzer Monolith auf, dessen Herkunft außerirdisch oder vielleicht auch göttlich sein mag. Die Affenmenschen berühren ihn andächtig und lernen (bewirkt durch diese Begegnung) einen Knochen als Waffe zu gebrauchen. Die unmittelbar darauf folgende Überblendung ins Jahr 1999 ist spektakulär: Ein Affenmensch schleudert einen Knochen in die Luft, der sich mittels Schnitt in eine Raumfähre verwandelt, die auf eine Orbitalstation zufliegt. Dieser denkwürdige Schnitt signalisiert die Bedeutung der Aggression als Triebfeder menschlichen Fortschritts, verneint gleichzeitig aber auch paradoxerweise jegliche stattgefundene Entwicklung. Der Mensch der Zukunft ist im Grunde genommen immer noch der Affenmensch aus grauer Vorzeit geblieben. Sein Umfeld, welches nun hypertechnisiert ist, hat sich gewandelt; eine wirkliche geistige Entwicklung hin zu einer höheren Ebene hat dagegen nicht stattgefunden. Im Jahre 1999 nun wird im Gebiet des Mondkraters Tycho ein vier Millionen Jahre alter Quader ausge-

›2001 – A Space Odyssey‹ (2001 – Odyssee im Weltraum, USA 1968) – Anflug auf die Raumstation

graben, der beim Licht der aufgehenden Sonne ein schrilles, ohrenbetäubendes Signal in Richtung Jupiter sendet. Daraufhin rüstet man das Expeditionsschiff »Discovery« aus, welches den Empfänger des Signals herausfinden soll.

Mittlerweile schreibt man das Jahr 2001; der Beginn des nächsten Jahrtausends markiert einen Neuanfang.

An Bord der »Discovery« befinden sich fünf Astronauten, drei davon im Tiefschlaf im sogenannten »Hibernaculum«. Lenker des Schiffes ist der durch seine Sensoraugen allgegenwärtige Bordcomputer HAL (Heuristisch programmierter Algorithmischer Computer), der über seine menschliche Stimme mit den beiden wachen Astronauten David Bowman (Keir Dullea) und Frank Poole (Gary Lockwood) rege Unterhaltungen führt.

Eines Tages warnt HAL vor dem kurz bevorstehenden Ausfall eines lebenswichtigen Aggregats. Nach der Auswechslung durch

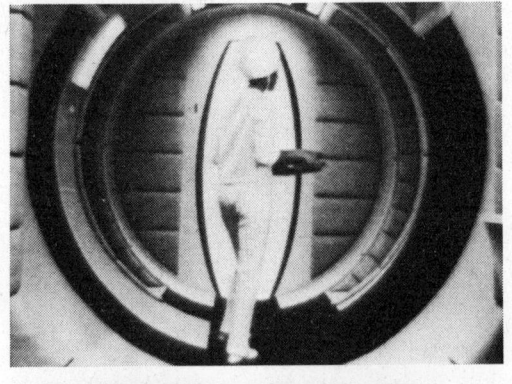

›2001 – A Space Odyssey‹ (2001 – Odyssee im Weltraum) – Essenstransport …

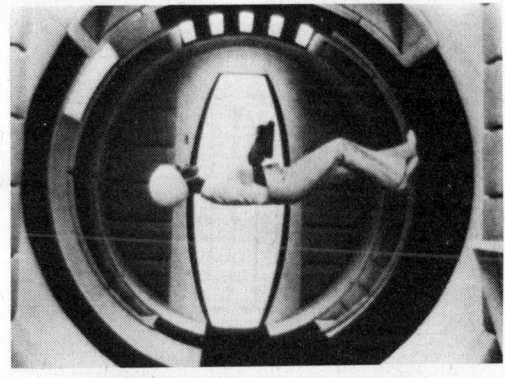

in der Schwerelosigkeit …

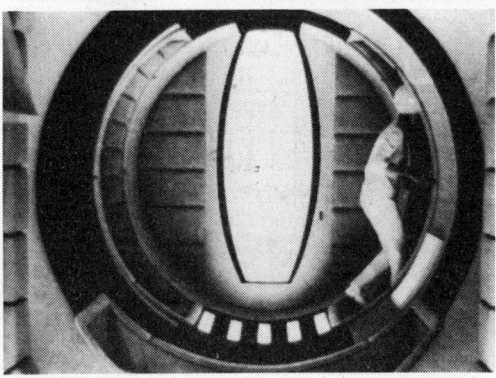

mit Hilfe von Bleischuhen

Poole kommt von der Erde allerdings die Nachricht, ein Zwillingscomputer habe festgestellt, daß HAL sich geirrt haben müsse. Das Aggregat sei völlig intakt und ein Ausfall nicht zu erwarten.

Um einer Bespitzelung durch HAL zu entgehen, ziehen sich Bowman und Poole zur Beratung in eine hermetisch abgeschlossene Raumkapsel zurück. Aber das bedrohlich wirkende Sensorauge HALs beobachtet sie durch das Sichtfenster und liest das Gespräch von ihren Lippen ab. Die beiden beschließen, das alte Aggregat wieder einzusetzen, um den von HAL prognostizierten Ausfall abzuwarten. Sollte dieser tatsächlich nicht eintreffen, wollen sie den Computer außer Betrieb setzen und selbst die Steuerung des Schiffes übernehmen.

Doch HAL kommt ihnen zuvor, indem er die Besatzungsmitglieder tötet. Nur Bowman gelingt es, zu überleben und den Computer zu desaktivieren. Als er danach einsam durch das All treibt, erscheint vor ihm eine gigantische Entsprechung des mysteriösen Monolithen. Bowman verläßt die »Discovery« mit einer Raumkapsel und taucht ein in das sich ihm öffnende »Sternentor«, welches ihn einen wahrhaft psychedelischen Trip erleben läßt:

Unglaubliche Landschaften und überschäumende Farbräusche; Galaxien entstehen und vergehen, bis er sich plötzlich in einem, im Stil des 18. Jahrhundert eingerichteten Zimmer wiederfindet. Bowman altert in Windeseile; vor dem sterbenden Greis erhebt sich wieder der Monolith. Als Sternenkind wird Bowman neu geboren und treibt als strahlender Embryo durchs All. Die Götter (oder göttlichen Außerirdischen) haben den Menschen in ihren Kreis aufgenommen.

2001 – A Space Odyssey ist formalästhetisch sowohl von den gezeigten Bildern und Trickeffekten (die von Stanley Kubrick konzipiert und mit einem Oscar bedacht wurden) als auch vom pointierten Einsatz der Musik her ein Meisterwerk, kann inhaltlich dagegen aber nicht ganz überzeugen.

Die im Film mit zahlreichen religiösen Implikationen festgeschriebene schicksalhafte Fremdbestimmtheit des Menschen sowie die zu Untätigkeit verurteilende Erlösungsmystik muß kritisiert werden.

Die Technik wird zum bedrohlichen Element in *2001,* vor allem in Form des Computers HAL. Aber auch die Interieurs (wie bei der Raumstation) strahlen Kälte und Funktionalität aus. Die technische Entwicklung hat überhandgenommen und ihre Erfinder in den Hintergrund gedrängt. So winkt dem Menschen auch erst göttliche Erlösung und eine Wiedergeburt als Sternenmensch, nachdem er die Technik überwunden hat, welche ihn letztendlich nur noch zu einem Anhängsel degradierte.

Diese Aussage erscheint ein wenig verwunderlich für einen Film, der erst dank des außerordentlich großen Einsatzes technischer Hilfsmittel in der vorliegenden Form realisiert werden konnte. Die Trickaufnahmen, für die hauptsächlich Wally Veevers, Douglas Trumbull, Con Pederson und Tom Howard verantwortlich zeichneten, verschlangen allein zwei Drittel des 10,5-Millionen-Dollar-Budgets.

In jedem Falle ist der Film ein visuelles Ereignis, das sich kein Filmfreund entgehen lassen sollte. Stanley Kubrick selbst sagte über seinen Film: »Er hat keine Botschaft, die ich jemals in Worten ausdrücken wollte. *2001* ist eine nonverbale Erfahrung; von den insgesamt zwei Stunden und 19 Minuten des Films haben weniger als 40 Minuten Dialog. Ich wollte eine visuelle Erfahrung schaffen, die sich jeder verbalen Einordnung entzieht und mit ihrem emotionalen und philosophischen Gehalt direkt in das Unterbewußtsein vordringt. Jeder kann sich über die philosophische und allegorische Bedeutung den Kopf zerbrechen soviel wie er will. Ich möchte keine detaillierte Deutung und Erklärung des Films geben, die jeden Zuschauer dazu bringen würde, dem zu folgen oder zu fürchten, daß er nichts verstanden hat.«

6. Schwarze Utopien, Katastrophen und wieder ein SF-Boom: Die 70er Jahre

Nachdem die 60er Jahre mit *2001 – A Space Odyssey* einen würdigen Ausklang genommen hatten, belebte sich Anfang der 70er Jahre die SF-Produktion zusehends. Das Niveau vieler Filme aus jener Zeit ist recht hoch anzusetzen, bis über die Katastrophenfilme hin zu *Star Wars* ein intellektueller Niedergang einsetzte, der den Kinos allerdings wieder volle Kassen bescherte. So gewann der SF-Film in den 70ern wieder zahlreiche Anhänger im breiten Massenpublikum und erlebte seinen zweiten Boom.

George Lucas, Regisseur des oben bereits erwähnten *Star Wars*, inszenierte 1970 für Francis Ford Coppolas eigene Produktionsgesellschaft American Zoetrope den SF-Film *THX 1138*. An diesem Projekt hatte Lucas bereits gearbeitet, als er noch in der Filmklasse der University of Southern California studierte (die im übrigen auch John Carpenter hervorgebracht hat). So drehte Lucas quasi ein Remake seines damals entstandenen fünfzehnminütigen Kurzfilms *THX 1138:4EB*.

THX 1138, der ein finanzieller Reinfall wurde und Coppola an den Rand des Ruins brachte, zeigt eine totalitäre, unterirdisch existierende Zukunftswelt, in der neben jeglicher menschlicher Individualität auch noch der Geschlechtsverkehr verboten ist. Die Menschen müssen alle die gleiche weiße Kleidung tragen, außerdem werden ihre Köpfe rasiert. Die Hauptperson THX (Robert Duvall) verliebt sich dennoch in LUH (Maggie McOmie), doch als er sie geschwängert hat, werden beide von den chrom-maskierten Robotpolizisten festgenommen. THX gelingt später die Flucht in eine bessere Welt (vom Ende her vergleichbar mit *Zero Population Growth*, USA 1971, Regie: Michael Campus).

George Lucas verwendet in *THX 1138* keine futuristischen Dekors, sondern erzeugt vielmehr ein Gefühl der absoluten Leere, indem er die Handlung in endlos weißen Räumen spielen läßt, zu denen die schwarzgekleideten Robotpolizisten den krassen Kontrast bilden. Für einen SF-Film ungewöhnlich glaubwürdig fiel *The Andromeda Strain* (Andromeda – tödlicher Staub aus dem

›THX 1138‹ (THX 1138, USA 1970) – Robert Duvall in den Händen der Polizei

All, USA 1971, Regie: Robert Wise) aus, eine Verfilmung des gleichnamigen Romans von Michael Crichton, die nahezu wie eine wissenschaftliche Dokumentation anmutet.

Hier gelangt mittels einer unbemannten amerikanischen Raumkapsel ein gefährlicher Virus auf die Erde, der in New Mexico den Bewohnern eines kleinen Städtchens das Leben kostet. Der Film schildert die fünf Tage, in denen eine Gruppe Wissenschaftler den Virus untersucht, bis dieser schließlich in eine ungefährliche Form mutiert. *The Andromeda Strain* ist ein gutes Beispiel für spannendes, realitätsbezogenes SF-Kino.

Eine typische vom Amerikanismus geprägte Post-Doomsday-Phantasie liefert dagegen *The Omega Man* (Der Omega Mann, USA 1971) nach dem Roman »I Am Legend« von Richard Matheson. Regisseur Boris Sagal läßt darin Charlton Heston nach einem bakteriologischen Krieg zwischen China und der UdSSR im men-

›The Andromeda Strain‹ (Andromeda – Tödlicher Staub aus dem All, USA 1971) – die Wissenschaftler am Ort des Unglücks

schenleeren Los Angeles agieren. Heston ist dank eines Wirkstoffes immun und hat sich mit seuchenkranken Mutanten herumzuschlagen, bis er eines Tages auf Unverseuchte trifft und einen

qualvollen Opfertod stirbt, um ihnen ein neues Leben zu ermöglichen. Was bei *The Omega Man* in Erinnerung bleibt, sind die Bilder der verlassenen Großstadtstraßen, die Charlton Heston mit
seinem Wagen durchstreift.

Auch Stanley Kubrick entwirft in *Clockwork Orange* (Uhrwerk
Orange, GB 1971) nach dem Roman von Anthony Burgess das
mögliche Bild einer nahen Zukunft, welches allerdings im Klassen
zynischer und gleichzeitig auch filmisch virtuoser ausfällt.

Hauptperson und Anti-Held, dem aber die Sympathien seines
Regisseurs gehören, ist Alex DeLarge (Malcolm McDowell), der
allabendlich mit seinen drei »droogies« in der Korova-Milchbar
drogenhaltige Milch-Cocktails zu sich nimmt, wonach sie anschließend ihre »ultrabrutalen« Nächte exzessiv ausleben. Eines
Nachts dringen sie in das Haus des Schriftstellers Alexander (Pa-

›The Omega Man‹ (Der Omega-Mann, USA 1971) – Charlton Heston

›Clockwork Orange‹ (Uhrwerk Orange, GB 1971)

trick Magee) ein. Als dieser gefesselt am Boden liegt, versetzt ihm
der mit einer phallischen Nase maskierte Alex gut gelaunt Fußtrit-
te in Magengrube und Unterleib, wobei er »Singin' in the Rain«
trällert. Anschließend muß Alexander noch mitansehen, wie seine Frau (Adrienne Corri) von der Bande geknebelt und vergewaltigt wird.

Aber auch Alex muß für seine Untaten büßen. Seine »droogies« beginnen an ihrem »leader« zu zweifeln und wollen an das
»big-big-money«. Als Alex bei einem weiteren Überfall eine Frau
mit einem riesigen Plastik-Phallus erschlägt, wird er von seinen
Kumpanen verraten und von der Polizei verhaftet. Wegen Mor-
des zu 14 Jahren Gefängnis verurteilt, meldet Alex sich freiwillig
zur Erprobung der neu entwickelten Ludovico-Technik, die einen
neuartigen Strafvollzug ermöglichen soll. Nach der Behandlung
ist Alex unfähig zu Gewalt und sexueller Begierde. Allein bei dem
Gedanken an diese Dinge befällt ihn eine unwiderstehliche Übel-
keit. Allerdings ist ihm auch die Freude an der Kunst genommen.

>Clockwork Orange‹ (Uhrwerk Orange)

Als ehemaliger Verehrer des »guten, alten Ludwig-van« kann er in Zukunft auch Beethovens Musik nicht mehr ertragen. Derart auf friedlich »programmiert« ist Alex einer auf Gewalt basierenden Gesellschaft hilflos ausgeliefert und zum Untergang verurteilt. Zufällig fällt er wieder dem Schriftsteller Alexander in die Hände, der ihn mittels Beethoven-Musik in den Selbstmord treiben und als Angehöriger einer politisch-oppositionellen Gruppe Alex' Tod als Argument gegen die Law-and-Order-Politik der Regierung verwenden will. Doch Alex überlebt, und die Regierung ist unter dem Druck der öffentlichen Meinung gezwungen, die Behandlung wieder rückgängig zu machen. Alex ist wieder geheilt: Er läßt sich zusammen mit dem Innenminister fotografieren, und aus riesigen Lautsprecherboxen ertönt Beethovens »Lied an die Freude«. In der letzten Szene hat Alex sogar wieder einen Wunschtraum: Ein hübsches Mädchen wird vor den Augen einer vornehmen Gesellschaft vergewaltigt.

Stanley Kubrick, schon immer von einem pessimistischen Weltbild beherrscht, wird mit seiner Anti-Utopie vollends zum Zyniker. *Clockwork Orange* ist ein Traktat über die Freiheit des Individuums. Alex ist zwar böse, dies aber aus freier Entscheidung. Anthony Burgess, Autor der literarischen Vorlage, formuliert es folgendermaßen: »Kubrick und meine Fabel versuchen zu sagen, daß wir eine Welt der Gewalttätigkeit, die mit vollem Bewußtsein praktiziert wird, einer Welt vorziehen, die auf das Gute und Harmlose konditioniert ist.«

Der rechtskonservative Burgess mag den Schutz einer ungehinderten Individualität mit dem Plädoyer für Gewalt verwechseln, Stanley Kubrick dagegen dürften eher die in der Story steckenden, optischen Potentiale interessiert haben. Allerdings muß auch ihm der Vorwurf gemacht werden, die expliziten Gewaltszenen unnatürlich ästhetisiert und Alex dank seiner vitalen Aggressivität einen makaber-perversen Reiz verliehen zu haben.

Clockwork Orange ist eine visuelle tour-de-force von unnachahmlicher Qualität. Kubrick als geniales Regie-Talent lieferte damit (nach *Dr. Strangelove* und *2001*) sein drittes Meisterwerk in Folge. Eine tiefere Reflexion der in *Clockwork Orange* angeschnittenen Phänomene findet allerdings nicht statt. Kubrick fehlte vermutlich die notwendige Distanz zu seinem Stoff; und diese läßt er auch seinen Zuschauern nicht, denn den perfekt kalkulierten Bildern mit ihrer raffinierten musikalischen Kommentierung kann sich so leicht niemand entziehen.

Ein SF-Film völlig anderer Machart ist der ohne spektakuläre Bilder auskommende, von Andrej Tarkowskij inszenierte Film *Solaris* (Solaris, UdSSR 1972). Diese fast dreistündige Verfilmung des gleichnamigen Romans von Stanislaw Lem erzählt vom Planeten Solaris, dessen gesamte Oberfläche von einem intelligenten Plasma-Ozean bedeckt wird. Die Erforschung dieses Ozeans durch irdische Wissenschaftler verläuft alles andere als erfolgreich. Von den 85 Mitgliedern der dortigen Forschungsstation sind nur noch drei am Leben. Der Solaris-Ozean dringt in die Psyche der Menschen ein und konfrontiert diese mit Bruchstücken ihres Unterbewußtseins. Das Hirn-Meer formt Abbilder von Personen, die im Leben der verschiedenen Menschen einst eine Rolle gespielt haben, was zu leidvollen Auseinandersetzungen führt, bis es schließlich doch zu einer friedvollen Verständigung mit der so fremdartigen Lebensform auf Solaris kommt.

Tarkowskij, der zu den besten sowjetischen Regisseuren der Gegenwart zählt, gelangen in *Solaris* ungewöhnliche Bilder und Aussagen. Obwohl eine Raumstation fernab der Erde Hauptschauplatz des Geschehens ist, steht dennoch das Irdische im Mittelpunkt. Die Raumfahrt, als von der SF üblicherweise propagierte Lösung vieler, wenn nicht gar aller Probleme, entpuppt sich im besten Falle als sinnlose Flucht. Alle Ängste, Probleme und Erinnerungen nimmt der Mensch stets mit sich. Er kann sie nicht abschütteln, sondern nur durch eine intensive und oftmals sicherlich auch qualvolle Auseinandersetzung bewältigen.

Leider ist ein derart intellektueller SF-Film wie *Solaris* ein Ausnahmefall für das fast ausschließlich angloamerikanisch geprägte Genre.

Das Lebensgefühl der damaligen amerikanischen Jugend

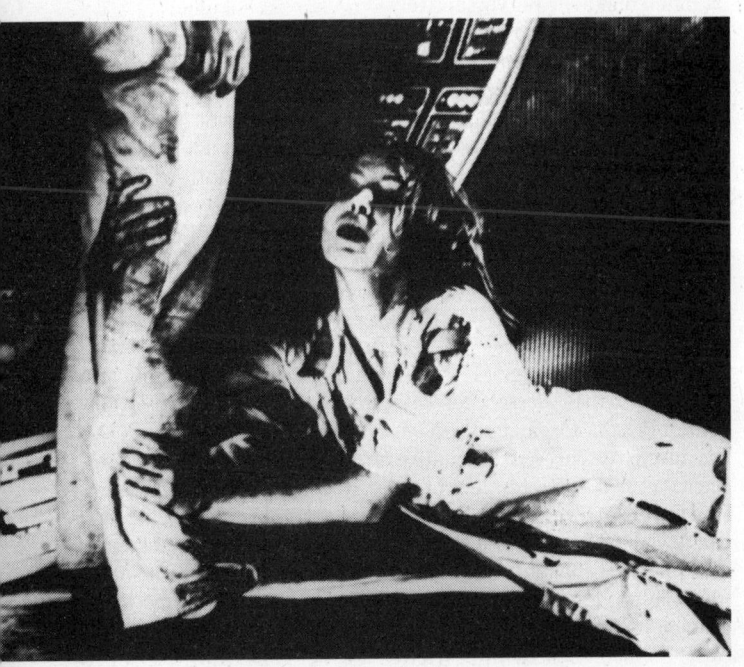

›Solaris‹ *(Solaris, UdSSR 1972)*

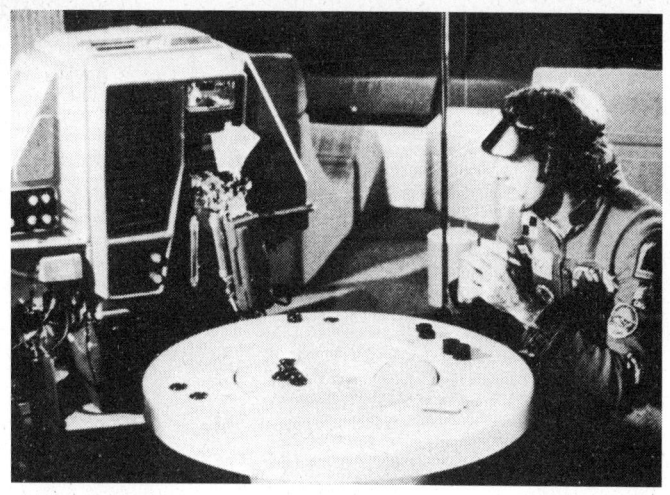

›Silent Running‹ (Lautlos im Weltraum, USA 1971) – Bruce Dern

machte sich der vom Special-Effect-Experten Douglas Trumbull inszenierte Film *Silent Running* (Lautlos im Weltraum, USA 1971) zunutze. Dort ist nach einer radioaktiven Katastrophe die Erde nahezu völlig verödet. In der Umlaufbahn kreist der gigantische Raumfrachter »Valley Forge« (die Innenaufnahmen des Films fanden in einem ausrangierten Flugzeugträger gleichen Namens statt), in dessen riesigen Biokuppeln ganze Wälder herangezüchtet werden, die die Erde bald wieder natürlich beleben sollen. Die Besatzung besteht aus nur vier Mann, die eines Tages von der Bodenstation überraschend den Befehl erhalten, alle Zuchtergebnisse zu vernichten.

Der Raumfrachter soll zu profitableren Zwecken eingesetzt werden. Doch einer von ihnen, Freeman Lowell (Bruce Dern), weigert sich. Er erschlägt seine Kameraden und lenkt das Raumschiff in Richtung Saturn. Begleitet wird er von drei kleinen Arbeitsrobotern, die er in der Pflege der Pflanzenkulturen ausbildet. In der Schlußszene gleitet der Raumfrachter »Valley Forge« den Sternen entgegen – mit alledem, was die Erde nun entbehren muß.

Sicher entbehrt *Silent Runnig* mit der Musik der Folksängerin

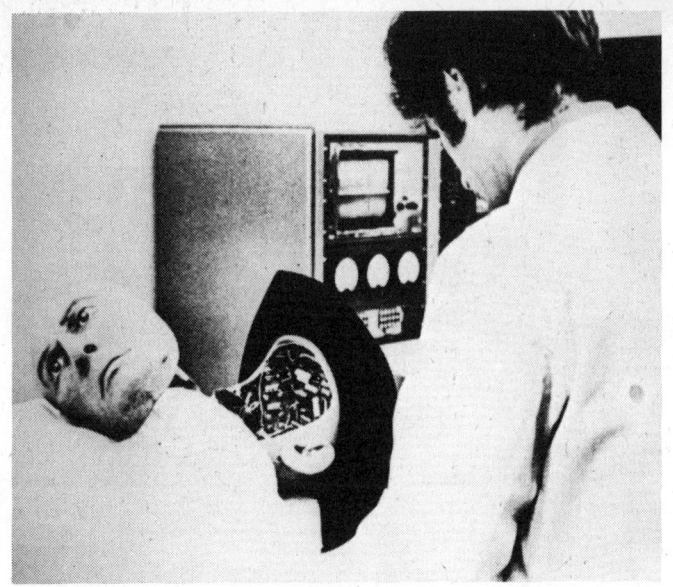

›Westworld‹ (Westworld, USA 1973) – Roboter Yul Brynner wird repariert

Joan Baez nicht einer gewissen Rührseligkeit, dennoch ist er mit schönen Aufnahmen bemüht, sein Anliegen, einer Rückbesinnung auf die Natur, deutlich zu machen.

Auswüchse im Unterhaltungs-Business kritisiert der Film *Westworld* (Westworld, USA 1973, Regie: Michael Crichton), dem mit *Futureworld* (Futureworld, USA 1976, Regie: Richard T. Heffron) noch eine Fortsetzung folgte.

Im Unterhaltungszentrum Delos können die Besucher, die dort ihren Urlaub verbringen, etwas Besonderes erleben. Für eintausend Dollar pro Tag stehen die drei Delos-Welten – das antike Rom, das Mittelalter und der Wilde Westen – jedem offen. Dort können dann dem Menschen perfekt nachempfundene Roboter nach Belieben getötet oder (im Film nur angedeutet) auch sexuell mißbraucht werden. Bis eines Tages ein Robot-Westernheld (Yul Brynner) durchdreht und unter den Besuchern in Delos aufräumt …

Dem Problem der Überbevölkerung nahm sich dagegen Richard Fleischer an, indem er den Roman »Make Room! Make Room!« von Harry Harrison unter dem Titel *Soylent Green* (Jahr 2022 ... die überleben wollen, USA 1973) verfilmte.

Im New York des Jahres 2022 kämpfen vierzig Millionen Menschen um die nackte Existenz, unter ihnen der Polizeidetektiv Thorn (Charlton Heston), der sich zusammen mit seinem Mitarbeiter Sol Roth (Edward G. Robinson) ein winziges Appartement teilt. Wohnraum und Nahrung sind längst nicht mehr für alle vorhanden. Die Menschen schlafen auf Straßen und in Hausfluren und werden notdürftig durch die Plankton-Erzeugnisse der Soylent Company ernährt, deren neuestes Produkt den Namen »Soylent Green« trägt.

Ein Mordfall bringt Thorn dazu, sich näher mit dieser Gesellschaft zu beschäftigen. Als sein Freund Sol eine der zahlreichen Euthanasie-Kliniken aufsucht, um feiwillig aus dem Leben zu scheiden, verfolgt Thorn anschließend den Weg des Leichnams, der direkt in die Produktionshallen der Soylent Company führt.

›Soylent Green‹ (Jahr 2022 ... die überleben wollen, USA 1973)

Thorn weiß mittlerweile zuviel; Killer versuchen, ihn auszuschalten. In der Schlußszene liegt Thorn schwer verwundet auf einer Bahre und schreit die schreckliche Wahrheit aus sich heraus: »Soylent Green ist Menschenfleisch!«

Regisseur Richard Fleischer wollte durch seinen Film etwas bewirken: »Ich hoffe, daß die Zuschauer durch den Film etwas lernen und zu sich selbst sagen werden: ›Mein Gott, soweit dürfen wir es nicht kommen lassen‹, um dann anschließend aktiv zu werden. Ich glaube, daß wir eine sehr genaue Weiterentwicklung unserer heutigen Zeit gebracht haben, denn wenn wir so weitermachen wie bisher, wird unsere zukünftige Welt wie die in ›Soylent Green‹ werden«.

Besonders beeindruckend in *Soylent Green* sind die Selbstmord-Kliniken, in denen den Sterbenden zu ihrer jeweiligen Lieb-

›Soylent Green‹ (Jahr 2022 … die überleben wollen) – Aufräumaktion bei einem Tumult

›Flesh Gordon‹ (Flesh Gordon, USA 1974)

lingsmusik (bei Sol war es Beethovens Pastorale) farbenprächtige
Bilder einer blühenden Erde vorgeführt werden, die für immer
der Vergangenheit angehören.

Für Parodien war das SF-Genre immer geeignet, denn wer kann
schon alles ernstnehmen, was dort geboten wird?

So wird Woody Allen in seinem Film *Sleeper* (Der Schläfer,
USA 1973) als Miles Monroe, Inhaber des vegetarischen Restau-
rants »Glückliche Karotte«, versehentlich eingefroren und erwacht zweihundert Jahre später in einem faschistischen Zukunfts-
staat. Allen erlebt dort allerhand Wunderliches und kann sogar
ein revolutionäres Unternehmen gegen den »Führer« erfolgreich
zu Ende führen.

Mit *The Rocky Horror Picture Show* (USA 1974) entstand ein
ausgeflipptes SF-/Horror-Musical, das in Deutschland einige Jahre später zum Kultfilm avancieren sollte. Der Film ist ein nicht immer geschmackssicheres Sammelsurium aller nur erdenklichen
Versatzstücke, Typen und Mythisierungen beider Genres und
reiht Zitate und Anspielungen temporeich aneinander.

Äußerst amüsant fiel unter dem Titel *Flesh Gordon* (Flesh Gordon, USA 1974, Regie: Michael Benveniste, Howard Ziehm,
Walter R. Cichy) die Verulkung der alten Flash-Gordon-Serials

›Flesh Gordon‹ (Flesh Gordon)

aus – zumindest besser als das von Dino de Laurentiis aufwendig produzierte (nichts desto trotz mißlungene) Remake aus dem Jahre 1980 (Flash Gordon, Regie: Michael Hodges). Gestalteten sich im puritanischen Original die Beziehungen des Titelhelden zu seiner geliebten Braut äußerst platonisch, so verfällt die Parodie *Flesh Gordon* ins genaue Gegenteil. Der Film war anfangs sogar als reine Pornoproduktion angelegt, bis sich viele SF-Trickspezialisten aus Spaß an der Sache zur Mitarbeit bereit erklärten. So umfaßt die Liste u.a. Leute wie Dave Allen, Jim Danforth, Jim Aupperle, George Barr, Joe Clark, Douglas Beswick, Ray Mercer, Bob Costa, Mike Hyatt, Dennis Muren und Russ Turner. Die Erde wird durch Sex-Strahlen vom Planeten Porno bedroht. Dort herrscht ein »Impotentat«, der sich Fleshs Braut unter den Nagel

204

reißen will. Höhepunkt der größtenteils erstklassigen Tricksequenzen ist eine an *King Kong* angelehnte Szene. Der große Gott Porno, ein vorzüglich animiertes Monster, flieht mit Fleshs Braut auf einen Gebäudeturm und sagt dort zu ihr (im krassen Gegensatz zur schwülstigen Erotik bei Kong): »Zeig mir deine Titten!«

Ein wenig intellektueller gebärdet sich da schon John Carpenter in seinem Erstlingsfilm *Dark Star* (Dark Star, USA 1974), den er noch an der University of Southern California begann und später mit einem minimalen Budget von nur 60.000 Dollar zuende führte.

Dark Star ist ein Raumschiff, das mit fünf Mann Besatzung bereits seit zwanzig Jahren durchs All fliegt, um »instabile« Planeten zu vernichten. Die Crew besteht aus leicht verrückten Hippies, die fetzige Country-Musik hören und ihren Träumereien nachhängen. Der Film ist eine perfekt inszenierte Parodie auf das SF-Genre, bei der John Carpenter (der gleichzeitig für Regie, Drehbuch und Musik zuständig war) ehemalige Kommilitonen zur Seite standen, allen voran Dan O'Bannon (Drehbuch, Spezialeffekte, Hauptrolle).

›Flash Gordon‹ (Flash Gordon, USA 1980) – Sam J. Jones, Max von Sydow

›Dark Star‹ (Dark Star, USA 1974) – Surfen im All

Regisseur John Carpenter (›Dark Star‹)

Carpenter bewies mit diesem seinem ersten Film ein Gefühl für ausgeklügeltes Timing und raffinierten Schnitt. Ein Höhepunkt ist eine philosophische Diskussion mit einer intelligenten Bombe, die direkt unter dem Raumschiff explodieren will. Als Ergebnis aller Argumente erklärt sich die Bombe für Gott und detoniert nach dem Motto »Es werde Licht«.

Carpenter wollte die gängigen Aussageformen des SF-Kinos aufs Korn nehmen, wobei ihm besonders Kubricks *2001* am Herzen lag: »Wir hatten nicht das Geld, um mit Kubricks Film zu konkurrieren. Aber die religiösen Tendenzen in *2001* ärgerten mich so, daß ich mir vornahm, einen sehr realistischen Film zu machen, der mit beiden Beinen auf dem Boden der Wirklichkeit steht und so triviale Fragen anspricht, wie z.B.: Wie wäscht man seine Unterhosen in einem Raumschiff?...«

Wesentlich mythischer gibt sich da der von John Boorman inszenierte *Zardoz* (Zardoz, GB 1974), dessen namengebende Religion sich aus dem Buchtitel *Wizard of Oz* zusammensetzt. Eine Elite unsterblicher, gleichzeitig aber auch apathischer Menschen lebt in einer völlig isolierten Gesellschaft, genannt Vortex. Die sterblichen Menschen, die sogenannten »Wilden«, lassen sie

›Zardoz‹ (Zardoz, GB 1974) – Gewehre für die ›Brutalen‹

durch die kriegerischen »Ausrotter« regelmäßig töten, damit sie sich nicht zu sehr vermehren. Ein riesiger fliegender Steinkopf, der Gewehre ausspeit, gibt den Befehl dazu. Zed (Sean Connery), einen der »Ausrotter«, befällt eines Tages die Ahnung, daß die Zardoz-Religion nur eine Lüge ist. In dem Steinkopf gelangt er nach Vortex und wird mit seiner virilen Sexualität und aggressiven Ausstrahlung zum Erlöser der dortigen Menschen, indem er sie sterben läßt.

Um zwei völlig verschiedene Gesellschaften geht es auch in *Phase IV* (Phase IV, GB 1974), der einen ungleichen Kampf zwischen Mensch und Ameise vorführt.

In der ersten Phase formieren sich die Fronten. Ameisen errichten in der Wüstengegend Arizonas sieben riesenhafte Türme, während die beiden Wissenschaftler Ernest Hubbs (Nigel Davenport) und James Lesko (Michael Murphy) Stellung in ihrer Forschungsstation beziehen.

In der zweiten Phase sprengt Hubbs die Insektenbauten in die Luft, worauf die Ameisen mit einem Angriff auf eine nahegelegene Farm antworten. Das von den Wissenschaftlern eingesetzte Gift wird von den Ameisen absorbiert und verleiht ihnen Immunität. Die Ameisen holen zum nächsten Schlag aus. Mit ihren glän-

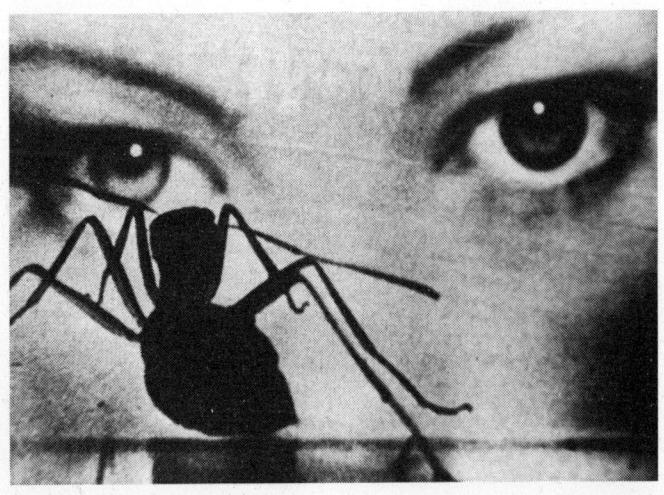

›Phase IV‹ (Phase IV, GB 1974)

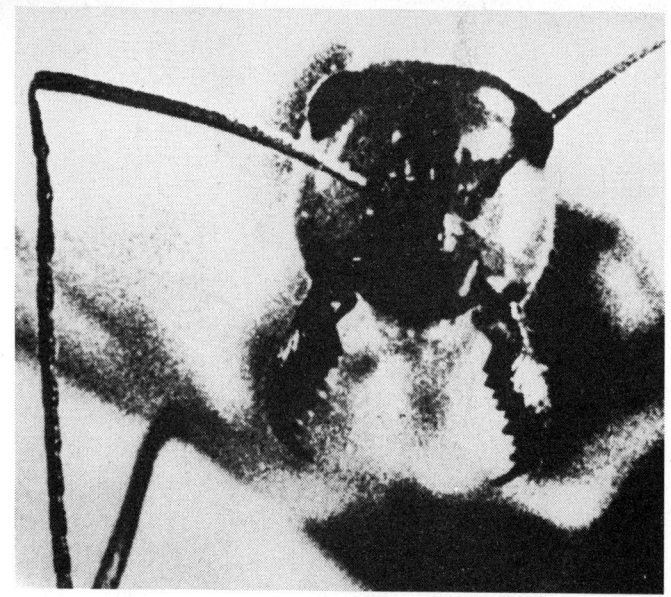

›Phase IV‹ (Phase IV)

zenden Körpern bilden sie Hohlspiegel, die die Sonnenstrahlen
bündeln und auf die Station reflektieren. Durch die ständig stei-
gende Temperatur fällt der Computer aus.

In der dritten Phase hat Lesko einen Weg gefunden, mit den
Ameisen zu kommunizieren. Während Hubbs bei dem Versuch,
die Ameisenkönigin auszuschalten, ums Leben kommt, verläßt
Lesko die Station und wird eins mit der Ameisenwelt – die Phase
IV ist eingeleitet.

Phase IV war der Debütfilm des 1920 geborenen Saul Bass, der
vornehmlich als Trickspezialist für Vorspanntitel oder kompli-
zierte Realaufnahmen arbeitet. Die faszinierenden Insektenauf-
nahmen wurden von der Kamera Ken Middlehams eingefangen,
der bereits an Walon Greens Pseudo-Dokumentarfilm *The Hell-
strom-Chronicle* (Die Hellstrom-Chronik, USA 1970) mitgearbei-
tet hatte. *Phase IV* zeigt einen Kampf des Menschen gegen die Natur, der trotz der Technik auf unserer Seite zugunsten der Natur

Programm zum Tierhorrorfilm ›Frogs‹ (USA 1972)

endet. Hubbs, der zur Konfrontation neigende Charakter, muß dabei sterben, wohingegen Lesko, der kommunikationswillige Wissenschaftler, zu friedlicher Koexistenz findet. Saul Bass zeigt so durch seinen Film die einzig mögliche Konfliktlösung: eine friedliche Verständigung.

Phase IV gehört zu den wenigen »Insektenfilmen«, die eine intelligente Aussage zu artikulieren verstehen.

Ganz anders dagegen die beiden Trends, die gegen Mitte der 70er Jahre von Hollywood ausgehend in die Kinos kamen. Der Tierhorror wurde neu entdeckt. Ganze Schwärme oder besonders ausgewachsene Spezies bestimmter Tierarten sollten den Zuschauer das Gruseln lehren: Bienen, Frösche, Kaninchen, Grizzlys und allen voran der kassenfüllende weiße Hai aus *Jaws* (Der weiße Hai, USA 1975, Regie: Steven Spielberg).

Noch dominierender wurde die Katastrophen-Filmwelle, mit der das Kino auf die wirtschaftliche Rezession innerhalb der kapitalistischen Welt reagierte. Hollywood inszenierte leinwandfüllende Apokalypsen, um ein nach derartigen Sensationen begieriges Publikum zu befriedigen. Die eigenen Sorgen sollten in Vergessenheit geraten angesichts des auf der Leinwand mit ausgefeilten Tricks und eindrucksvoller Tonuntermalung (»Sensurround«) ausgebreiteten Chaos.

Die Schadenfreude steht bei derartigen Produktionen im Vordergrund, das Wissen und lustvolle Erleben, daß es anderen noch schlechter geht als einem selbst. Aber auch die Erregung stimulierende Zerstörung, die Lust an der Destruktion treibt die Massen in die Kinos. Die Machart der Katastrophen-Filme ergeht sich in endlosen Wiederholungen. Stets bildet eine spektakuläre stadt-, land- oder gar weltbedrohende Katastrophe den Mittelpunkt. Bei den zentralen Produktionen dieser Thematik wird der aufwendig in Szene gesetzte Zerstörungsprozeß auf Filmlänge ausgedehnt und mit klischeehaften Einzelschicksalen garniert, wobei die Dialoge teilweise in unerträgliches Pathos ausarten.

Auch die Altstar-Riege mit mittlerweile ergrauten Schläfen darf nicht fehlen. Die Lust am Untergang bietet gleichzeitig noch Anlaß für wahrhaft männliche Bewährungsproben. So erweist sich der gesellschaftlich oder politisch Etablierte oftmals als hilfloser Feigling, während ein Mr. Niemand zu Höchstform aufläuft. In der filmischen Fiktion verwischen gesellschaftliche Unterschiede; die Illusion einer »wir-sitzen-alle-im-gleichen-Boot«-Ideologie soll in die Zuschauerreihen getragen werden.

Neben Produktionen wie *The Submersion of Japan* (Der Untergang Japans, J. 1974), *Catastrophe 1999 – Prophecies of Nostradamus* (Weltkatastrophe 1999, J. 1974), *Airport 1975* (Giganten am Himmel, USA 1975) u.a. sind *Earthquake* und *Towering Inferno* die »besten« und zugleich typischsten Elaborate der Katastrophen-Filmwelle.

›Earthquake‹ (Erdbeben, USA 1974)

In *Earthquake* (Erdbeben, USA 1974, Regie: Mark Robson) wird Los Angeles durch ein Erdbeben nahezu völlig vernichtet, was Anlaß zu aufregenden Tricksequenzen bietet, die auf Kosten inhaltlicher Qualitäten gehen. Die (gottgewollte?) Naturkatastrophe wird schauspielerisch illustriert durch Charlton Heston, Genevieve Bujold, Ava Gardner und Lorne Greene. Für den Film wurde eigens das sogenannte »Sensur-Round«-Verfahren entwikkelt, welches das Kino gegenüber der TV-Konkurrenz wieder an Attraktivität gewinnen lassen sollte. Durch Schallwellen und übergroße Lautstärke genießt der Zuschauer das zweifelhafte Vergnügen, das Erdbeben nahezu am eigenen Leibe mitzuerleben.

In *Towering Inferno* (Flammendes Inferno, USA 1974, Regie: John Guillermin) werden gar biblische Motive bemüht.

›Towering Inferno‹ (Flammendes Inferno, USA 1974)

In San Francisco wird das höchste Gebäude der Welt einge-
weiht, ein 138stöckiger Turm aus Glas und Beton. Doch durch
Schlamperei bei den Bauarbeiten bricht bereits während der Er-
öffnungsfeier in diesem Symbol unserer Zivilisation ein Feuer

›At the Earth's Core‹ (Der sechste Kontinent, GB 1976)

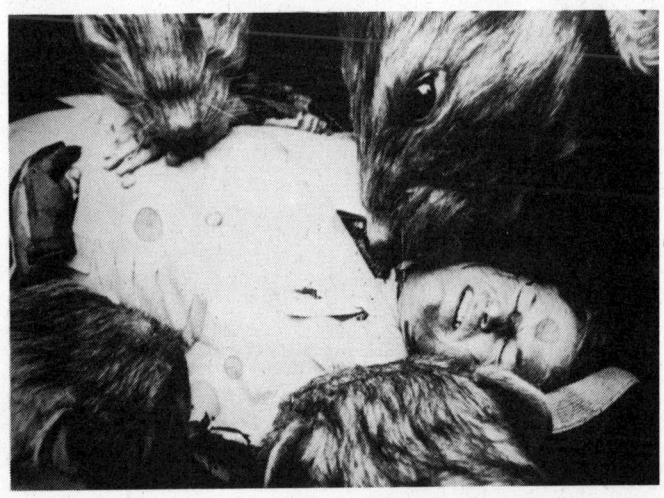

›The Food of the Gods‹ (Die Insel der Ungeheuer, USA 1976)

›The People That Time Forgot‹ (Caprona, 2. Teil, GB 1977)

aus. Als letzte Rettung werden am Ende des Films die Wasser-
tanks auf dem Hochhausdach gesprengt, wodurch eine Art Sint-
flut ausgelöst wird, welche die »Reste der sündigen Hochhaus-Zi-
vilisation« (Seeßlen) davonspült.

Auch gewisse nostalgische Tendenzen lassen sich Mitte der 70er
Jahre feststellen. So drehte im Auftrag der englischen Produktionsgesellschaft Amicus Regisseur Kevin Connor Filme, die in
ein unentdecktes, von Sauriern bevölkertes Land oder gar in das
Innere der Erde führten. Jeweils nach Stoffen des Tarzan-Erfin-
ders Edgar Rice Burroughs entstanden *The Land That Time Forgot* (Caprona – das vergessene Land, GB 1975), *At the Earth's
Core* (Der sechste Kontinent, GB 1976) und *The People That
Time Forgot* (Caprona, 2.Teil, GB 1977). Die Hauptrolle spielte
jeweils Doug McClure.

Auch Bert I. Gordon, einer der bekanntesten B-Filmer der 50er

Jahre, wurde wieder aktiv. Sehr frei nach Vorlagen von H.G. Wells inszenierte er Monster-Cheapies wie *The Food of the Gods* (Die Insel der Ungeheuer, USA 1976) und *Empire of the Ants* (In der Gewalt der Riesenameisen, USA 1976), die riesenhafte Ratten bzw. Ameisen wieder zum Leinwandleben erweckten, wo man diese Thematik doch schon längst vergessen geglaubt hatte.

Zeitgemäßeren Auswüchsen nahm sich Norman Jewison in seinem Film *Rollerball* (Rollerball, USA 1975) an, der einen brutalisierten Sport und dessen Wirkung auf die fanatisierten Massen zum zentralen Thema hat.

In der Zukunftswelt von *Rollerball* sind die Staatsgrenzen und bankrotten Regierungen abgeschafft. Über allem steht die allmächtige Corporation, ein Zusammenschluß gigantischer weltumfassender Wirtschaftskonzerne. Ablenkung für die Massen ist das ungeheuer brutale Rollerball-»Spiel«, bei dem sich der erfolgreiche Champion Jonathon (James Caan) immer mehr zum Kultstar entwickelt. Die Corporation verlangt seinen Rücktritt, doch Jonathon weigert sich und demonstriert seinen Widerstand in einem letzten Spiel, aus dem er als einzig Überlebender hervorgeht.

Rollerball ist (vor allem in den Kampfszenen) temporeich und rasant inszeniert. Allerdings schreckt Jewison selbst vor Zeitlupenaufnahmen zur effektvolleren Zelebrierung der Gewalt nicht zurück. Dem durch Jonathon propagierten Widerstand kommt eher eine Alibi-Funktion zu, da er erstens in der für den populären Film typischen »ein-Mann-geht-seinen-Weg«-Tour erfolgt und zweitens zwar Anlaß für Aufnahmen bietet, Jonathon als Kult- und Führerfigur zu verherrlichen, an den tatsächlichen Zuständen aber nicht das Geringste zu ändern versteht. So entsteht der zwiespältige Eindruck, daß inhaltliche Dimensionen spektakuläre, aber letzthin nur oberflächlichen Effekten zuliebe geopfert wurden.

Rollerball wurde in München gedreht. Die Kampfszenen entstanden in der Radrennarena; futuristisch anmutende Gebäude (der zylinderförmige BMW-Turm) bildeten die äußere Kulisse.

Eine bizarre SF-Phantasie drehte Nicholas Roeg 1975 mit *The Man Who Fell to Earth* (Der Mann, der vom Himmel fiel, GB 1975), zu der er gemeinsam mit Paul Mayersberg nach einem Roman von Walter Tevis das Drehbuch schrieb.

In unglaublich ästhetisierten Bildern wird die Geschichte des

›Rollerball‹ (Rollerball, USA 1975) – James Caan

Extraterrestriers Thomas Jerome Newton (David Bowie) erzählt, der auf die Erde kommt, um seinen unter Wassermangel leidenden Heimatplaneten zu retten. Newton, dessen wahres Aussehen

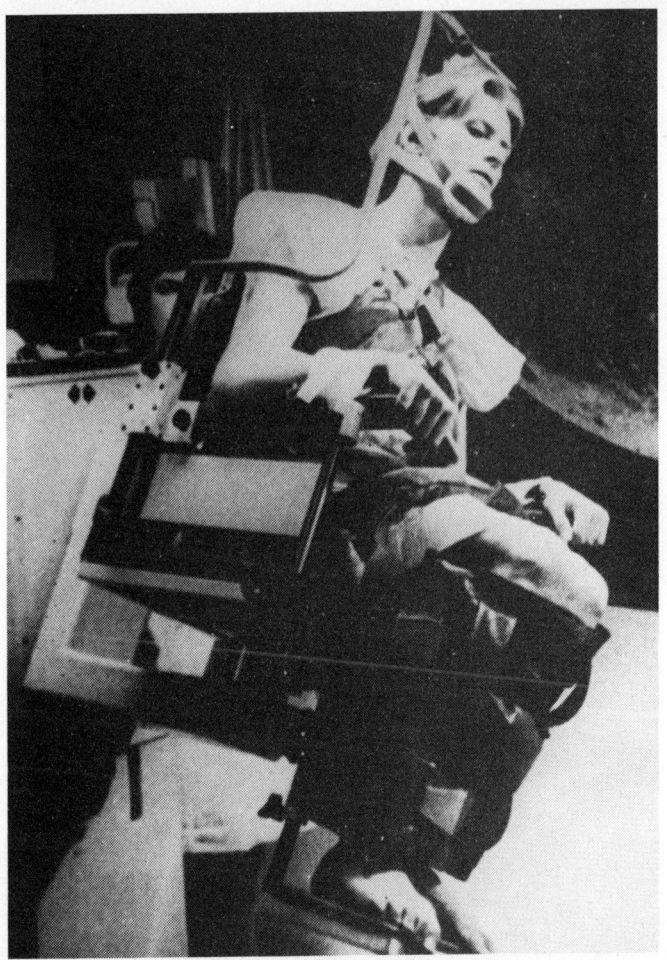

*›The Man Who Fell to Earth‹ (Der Mann, der vom Himmel fiel, GB 1975)
– David Bowie*

wegen seiner Fremdartigkeit Schrecken hervorruft, hat menschliche Gestalt angenommen und verdient auf der Erde durch einige revolutionierende Patente ein Vermögen. Doch konfrontiert mit unserer, ihm so unverständlichen Lebensweise, mit Phänomenen wie Liebe, Haß, Neid, Sexualität, geht er schließlich an unserer Welt zugrunde.

The Man Who Fell to Earth bewegt sich auf dem schmalen Grat zwischen einem Meisterwerk und versponnenen Manierismen und reiht Bilder aneinander, die »jedem Ästheten den ersehnten Orgasmus bescheren dürften« (Giesen).

Die Hauptrolle ist ideal besetzt mit dem englischen Pop-Star David Bowie, der seine transvestitische Ausstrahlung mit in den Film einbringt. Regisseur Roeg über seinen Hauptdarsteller: »Bowie besitzt eine eigene, große Kreativität, und die Hauptfigur meines Films, Thomas Jerome Newton, ist ein ungeheuer schöpferisches Wesen. Darsteller und Rolle verbinden sich so zu einer harmonischen Einheit. Außerdem hat Bowie ein ganz anderes Tempo und einen ganz anderen Rhythmus als die Menschen heute gewöhnlich haben. Niemandem, dem ich je begegnet bin, ist er ähnlich.«

Der Film hatte vor allem in Großbritannien einige Schwierigkeiten mit der Zensur. Die beanstandeten (von Roeg künstlerisch gestalteten) Sex-Szenen sind in der deutschen Fassung enthalten.

Als erfolgreicher Einzelkämpfer präsentiert sich Michael York in dem von Michael Anderson inszenierten Film *Logan's Run* (Flucht ins 23. Jahrhundert, USA 1976).

In der dort geschilderten Zukunftswelt besitzt jeder Mensch eine eingebaute Lebensuhr, die bei Erreichen des 30. Lebensjahres zu leuchten beginnt. Der Betreffende muß dann ins »Karussell«, um freiwillig sein Leben zu beenden. Wer sich weigert, wird zum »Läufer«. Diese wiederum werden von einer Polizeitruppe, den sogenannten »Sandmännern«, verfolgt und gerichtet. Als der Sandmann Logan (Michael York) ins Karussell soll, ergreift auch er gemeinsam mit dem Mädchen Jessica (Jenny Agutter) die Flucht. Sie gelangen aus der hypertechnisierten Zukunftsstadt in die Ruinen des verfallenen Washington. Einen dort entdeckten alten Eremiten (Peter Ustinov) konfrontieren sie mit den Bewohnern ihrer Stadt und bringen so das ganze Karussell-System zu Fall, denn bisher war die Existenz alter Menschen für unmöglich gehalten worden.

Der aufwendig inszenierte Film mit dem unsinnigen deutschen Verleihtitel ist ein Beweis dafür, wie naiv und einfältig sich Amerikaner gesellschaftliche Veränderungsprozesse vorstellen.

›Logan's Run‹ (Flucht ins 23. Jahrhundert, USA 1976) – die Stadt

Den ersten für das SF-Genre bedeutenden Zeichentrickfilm lieferte Ralph Bakshi, den Kritiker als »Disney für Erwachsene« bezeichneten, mit *Wizards* (Die Welt in 10 Millionen Jahren, USA 1977). Bei diesem, stark von der Fantasy beeinflußten, Märchen kämpfen die guten Zwerge und Elfen unter dem Zauberer Avatar gegen grausame Mutantenheere, die von ihrem Anführer Blackwolf (Avatars Bruder) durch nationalsozialistische Filme und Führer-Reden aufgepeitscht werden. Die Kampfszenen, in denen die Elfen und Zwerge symbolhaft für die Natur gegen die Waffentechnologie Blackwolfs antreten und im Endeffekt gewinnen, sind von ungewöhnlicher Grausamkeit. Die Zeichentechnik Bakshis, bei der auch verfremdete Realaufnahmen Verwendung finden, setzte neue Maßstäbe. Ein Jahr später verfilmte er mit *The Lord of the Rings* (Der Herr der Ringe, USA 1978) die berühmte Romanvorlage von J.R.R. Tolkien. Die Dreh- bzw. Zeichenarbeiten dauerten bei beiden Filmen mehrere Jahre.

Im Jahre 1977 entstanden in den USA zwei SF-Filme *(Star Wars* und *Close Encounters of the Third Kind),* die das Genre bei den breiten Publikumsmassen wieder ausgesprochen populär werden ließen. Mit einem noch nie dagewesenen Aufwand an Werbung über alle zur Verfügung stehenden Medien stießen diese beiden Produktionen auf außergewöhnlich große Resonanz bei jungen wie bei älteren Zuschauerkreisen.

Dabei wirkte sich keiner der beiden Filme innovatorisch auf das Genre aus, sondern goß lediglich alte Versatzstücke und Sujets in eine neue Form, um diese mit großem Aufwand sowie pseudoklassische Bedeutung suggerierender Opern-Musik (in beiden Filmen von John Williams) erneut zu präsentieren.

George Lucas (Regisseur von *THX 1138)* hatte sein Script mehreren Filmgesellschaften vergeblich angeboten, ehe die zu dem Zeitpunkt finanziell angeschlagene Twentieth Century Fox akzeptierte und den Streifen unter dem Titel *Star Wars* (Krieg der Sterne, USA 1977) mit einem Budget von zehn Millionen Dollar produzierte. Der Film, von dem niemand einen allzu großen Gewinn erwartet hatte, wurde zu einem der größten Kassenerfolge der gesamten Filmgeschichte und sanierte die Fox völlig.

Die Story ist simpel: Ein faschistisch anmutender Diktator (David Prowse als Darth Vader) beherrscht mit seinen Armeen das Universum und unterdrückt alle Freiheitsbewegungen. Der jugendliche Luke Skywalker (Mark Hamill), beseelt von der legendären »Macht«, nimmt zusammen mit dem Einzelgänger Han So-

›Wizards‹ (Die Welt in 10 Millionen Jahren, USA 1977)

›Star Wars‹ (Krieg der Sterne, USA 1977) – Leia und Luke (Carrie Fisher und Mark Hanuk)

›Star Wars‹ (Krieg der Sterne) – Duell zwischen Gut und Böse; Darth Vader (David Prowse) und Ben Kenobi (Alec Guinness)

lo (Harrison Ford) und der Prinzessin Leia Organa (Carrie Fisher) den Kampf auf.

Die Typisierungen sind klassisch-trivial: Darth Vader, von hünenhafter Gestalt, ist stets in Schwarz mit Umhang gekleidet und verbirgt sein Gesicht hinter einer metallenen Maske. Er symbolisiert das absolut Böse, während die »Macht«, die vom alten Jedi-Ritter Ben Kenobi (Alec Guinness) auf Luke Skywalker übergeht, für das fleckenreine Gute steht.

Es ist also der uralte Kampf, diesmal nur in den Weltraum verlagert. Die geschilderten Gesellschaftsstrukturen sind überkommen. So handelt es sich bei den Darth Vaders Diktatur gegenübergestellten Gesellschaftsformen um feudal oder aristokratisch organisierte Gemeinwesen.

Identifikationsfiguren sind für jeden vorhanden: Für die Teenager der noch unreife Luke mit seinem kindlichen Gemüt, dann Han Solo als klassischer »Outlaw«, ein Draufgänger, aber treuer Freund und nicht zuletzt die jugendliche Prinzessin Leia Organa, die für eine verkörperte Humanität steht. Trotz des märchenhaften Charakters wird viel getötet in *Star Wars*. Bedenklich erscheint die Anonymisierung der Raumsoldaten, die wahllos abgeschlachtet werden dürfen, wenn es nur für eine »gerechte Sache« geschieht.

Bei den äußeren Fomen orientierte sich Regisseur George Lucas vor allem an den alten Serials, den Western-, Kostüm-, Mantel-und-Degen-Filmen seiner eigenen Kindheit und verinnerlichte deren Grundstrukturen und -prinzipien völlig. So findet man in *Star Wars* zahlreiche »Cliffhanger«-Momente, Vorlieben für Verkleidungen sowie Transplantationen SF-fremder Merkmale (das Märchen-Motiv der Pinzessinen-Befreiung, Kampf mit dem Laserschwert etc.). Besonders geschmacklos an *Star Wars,* diesem im eigentlichen Sinne futuristischen Kriegsfilm, ist die Schlußszene, in der die Helden geehrt werden. Denn diese ist Leni Riefenstahls faschistischem Reichsparteitagsfilm *Triumph des Willens* von 1934 nachempfunden.

Die *Star Wars*-Fortsetzung *The Empire Strikes Back* (Das Imperium schlägt zurück, USA 1979, Regie: Irvin Kershner) verlor auch noch die in Teilen vorhandene märchenhafte Atmosphäre des Originals und verkam endgültig zu einem Spiel- und Experimentierfeld für immer ausgefeiltere Trickeffekte, welche den eigentlichen Film völlig in den Hintergrund verdrängten.

›Star Wars‹ (Krieg der Sterne) – Chewbacca (Peter Maghero), Luke, Ben und Han Solo (Harrison Ford)

Steven Spielberg (Regisseur von *Jaws*) ging mit *Close Encounters of the Third Kind* (Unheimliche Begegnung der dritten Art, USA 1977) einen anderen Weg, erinnert mit seiner Schlußaussage nach dem Motto »Wir sind nicht allein!« aber sehr stark an Stanley Kubricks *2001*.

Mit den unheimlichen Begegnungen der dritten Art sind Kontakte mit sogenannten Fliegenden Untertassen gemeint. Der Film schildert eine derartige Kontaktaufnahme, der zahlreiche atemberaubend in Szene gesetzte Sichtungen vorausgehen. Gegen Ende des Films landet ein riesiges Raumschiff, das von den Trickspezialisten (allen voraus Douglas Trumbull) als ein Meer aus Licht und Farben faszinierend visualisiert wurde. Die Außerirdischen sind (für den SF-Film ungewöhnlich) keineswegs aggressiv, sondern wollen eine friedliche Verständigung. Sie erscheinen in Licht und Helligkeit gebadet als gottgleiche Wesen, welche gekommen sind, die Menschheit zu erlösen. Eine ausgewählte irdische Mannschaft nehmen sie an Bord, um mit ihnen wieder im All zu verschwinden.

Somit war der SF-Film Ende der 70er Jahre wieder zu seiner Erlösungsmystik zurückgekehrt. Die eindeutigen Pluspunkte des Films sind Trumbulls raffinierte Farbspiele und Lichtorgien, welche die hauptsächlich von John Dykstra besorgten Raumschiff-Aufnahmen aus *Star Wars* bei weitem übertreffen. Die beiden Erfolgsregisseure Lucas und Spielberg blieben weiter ihrem Rezept treu, alte Versatzstücke und Elemente neu aufpoliert in zugegebenermaßen technisch perfekter Form zu variieren und dem heutigen Publikum vorzusetzen. So landeten sie mit ihrem *Raiders of the Lost Ark* (Jäger des verlorenen Schatzes, USA 1981, den Spielberg inszenierte und Lucas produzierte) wiederum einen enormen Kassenerfolg. Doch waren die damaligen Serials ausgesprochene Billig-Produktionen, so verschlingen die Lucas/Spielberg-Machwerke Millionensummen.

Waren es bei *Close Encounters of the Third Kind* messianische Götterboten aus dem All, die der Menschheit die gewünschte Erlösung versprachen, so trat 1978 mit *Superman – The Movie* (Superman – Der Film, USA/GB/Kanada 1978) der bekannte unver-

›Close Encounters of the Third Kind‹ (Unheimliche Begegnung der dritten Art, USA 1977) – Licht über dem ›Devil's Tower‹

*›Superman – The Movie‹ (Superman – Der Film, USA/GB/Kanada 1978)
– Christopher Reeves*

wundbare Superheld vom Planeten Krypton zur Rettung der Welt
an. Der Vorteil des aufwendig inszenierten (so erhielt allein Marlon Brando für einen nur wenige Minuten dauernden Auftritt als

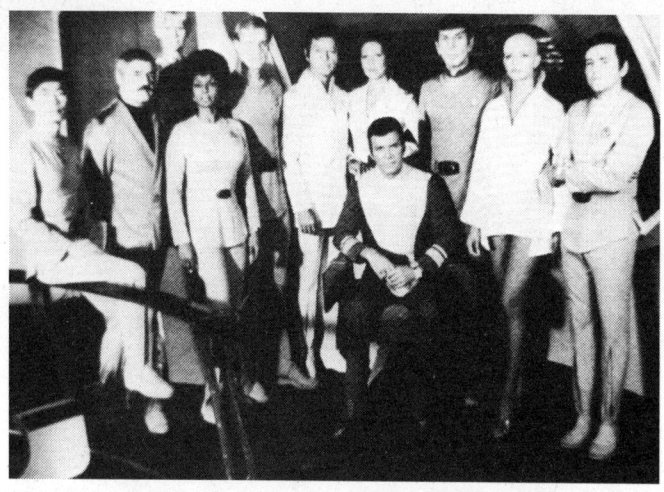

›Star Trek – The Motion Picture‹ (Star Trek – Der Film, USA 1979) – die alten Helden in neuem Gewand

Supermans Vater eine Gage in Millionenhöhe) und von dem mittlerweile leider verstorbenen Kameramann Geoffrey Unsworth (u.a. *2001*) wunderschön photographierten Film ist seine stets vorhandene unterschwellige Ironie. Er nimmt sich selbst nicht zu ernst und entgeht damit der Gefahr, sich in einigen Szenen der Lächerlichkeit auszusetzen. Es war erstaunlich, daß diese Großproduktion überhaupt in die Kinos gelangen konnte, denn der Entstehungsprozeß war von Zerwürfnissen überschattet. So schrieben allein fünf erstklassige Autoren (Mario Puzo, David Newman, Leslie Newman, Robert Benton, Tom Mankiewicz) Drehbuchentwürfe. Aber auch Regisseur Richard Donner war nicht unumstritten und drehte längst nicht alle Szenen des endgültigen Films.

Die Story hält sich eng an die Original-Comic-Vorlage: Der Planet Krypton wird zerstört, und als einziger Überlebender der Katastrophe gelangt Superman als kleines Kind auf die Erde. Ausgewachsen verfügt er unter Einfluß der Sonnenstrahlung über Superkräfte, außerdem ist er unverwundbar und kann fliegen (die entsprechenden Tricksequenzen sind übrigens nicht sonderlich gut gelungen).

›Alien‹ (Alien – das unheimliche Wesen aus einer fremden Welt, GB 1979) – der tote Steuermann des fremden Schiffes

Die von Richard Lester inszenierte Fortsetzung *Superman II* (Superman II – allein gegen alle, GB 1979) behielt im übrigen den gleichen ironischen Unterton wie ihr Vorgänger.

Nachdem im Zuge des SF-Booms also sogar Comic-Held Superman wieder über die Leinwand flatterte, erinnerte man sich bei Paramount, nicht zuletzt unter massivem Druck der eingeschworenen Fans, an einen SF-Fernseherfolg, den man ja eigentlich auch einmal ins Kino bringen könnte. So wurden die Hauptdarsteller der amerikanischen TV-Serie »Star Trek« (zu dt. «Raumschiff Enterprise«), deren insgesamt 79 Folgen bereits zwischen 1966 und 1969 produziert worden waren, allesamt für *Star Trek – The Motion Picture* (Star Trek – Der Film, USA 1979) engagiert. Regie bei diesem durch seine langweilige Pseudo-Philosophie (zumindest in Deutschland) zum Flop verurteilten Film führte Robert Wise.

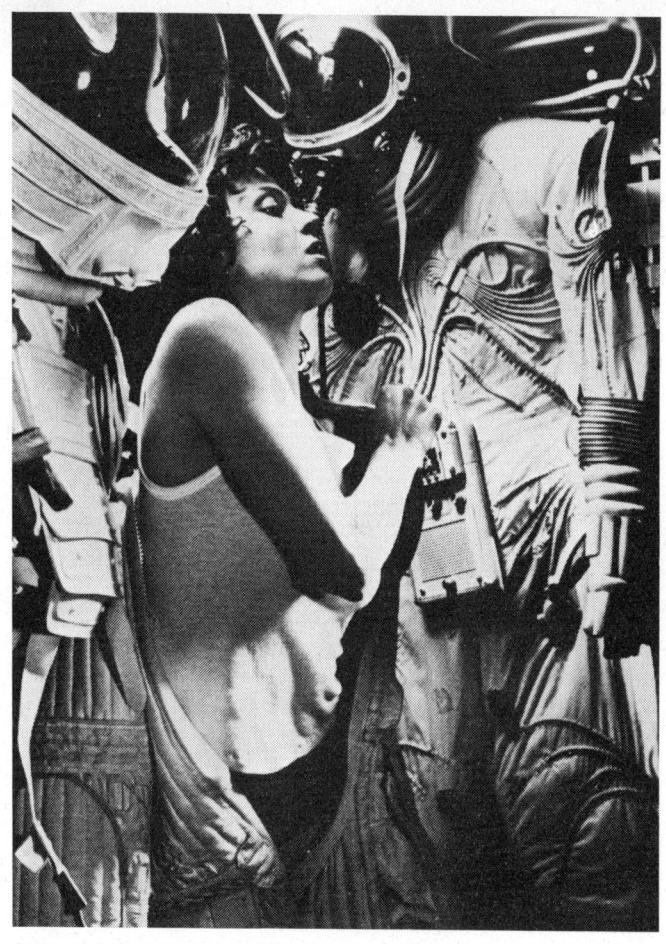

*›Alien‹ (Alien – das unheimliche Wesen aus einer fremden Welt) – Ripley
(Sigourney Weaver)*

Im Jahr darauf inszenierte Ridley Scott mit *Alien* (Alien – das
unheimliche Wesen aus einer fremden Welt, GB 1979) einen ge-
lungenen Film, der eigentlich aber nur das Bedrohungsmuster aus
dem Hawks/Nyby-Klassiker *The Thing* von 1951 wiederholte.

Die Besatzung des Raumfrachters »Nostromo« nimmt eine fremdartige, ungeheuer aggressive Lebensform auf, die einen nach dem anderen tötet, bis nur noch eine Frau, Ripley (dargestellt von Sigourney Weaver), überlebt und das Alien ausschalten kann.

Die insgesamt sieben Besatzungsmitglieder des riesigen Frachters sind keine Helden oder Identifikationsfiguren im herkömmlichen Sinne, vielmehr sind es glaubhaft dargestellte Alltagsmenschen, deren äußere Umgebung ebenfalls sehr realistisch gezeichnet ist.

Alien ist ein Film mit tiefenpsychologischen Dimensionen: Die verwinkelten Gänge sowie die biomechanischen Entwürfe (Vagina-ähnliche Eingänge etc.) des für das Film-Design verantwortlichen Schweizer Malers H.R. Giger (der auch das Alien entwarf und einen Oscar gewann) beziehen sich auf bestimmte Vorstellungen unseres Unterbewußtseins.

Dies alles hat mit Sexualität zu tun. Der Bordcomputer heißt nicht zufällig »Mother« (Mutter). Wer mit ihm bzw. ihr sprechen will, muß sich vorher in eine Gebärmutter-ähnliche, Geborgenheit versprechende Zelle begeben. Ripley wird bezeichnenderweise dieser Weg verwehrt. Sie wird als Frau mit neurotischer Angst vor sexuellem Verkehr und der Konsequenz daraus, dem Gebären, charakterisiert. In der Schlußphase steht sie dem Alien als Symbol bedrohlicher Sexualität fast unbekleidet gegenüber.

»Der – scheinbar – endgültige Sieg stellt sich dar als Rückzug in Kälte, totale Isolation, als Regression in einen embryoähnlichen Zustand (Hibernationszelle)«. (Markus Sieber)

7. Keine innovatorischen Neuerungen: Die 80er Jahre

Der SF-Boom der 70er Jahre konnte mit ins neue Jahrzehnt hinübergerettet werden, wobei die Tendenz jetzt allerdings eher zu mehr fantasy-orientierten Filmen wie beispielsweise *Conan* (Conan – Der Barbar, USA 1981, Regie: John Milius) geht.

Auch das Disney-Imperium hatte mit *The Black Hole* (Das schwarze Loch, USA 1980, Regie: Gary Nelson) versucht, sich an den Erfolg des Genres anzuhängen. Aber der aufwendige Film erwies sich als ein »ausschließlich nach Verkaufsgesichtspunkten konstruiertes synthetisches Produkt« (Film-Dienst) und fand keine große Resonanz beim Publikum.

Im gleichen Jahr inszenierte der sowjetische Regisseur Andrej Tarkowskij mit *Stalker* (Der Stalker, UdSSR 1980) einen weiteren (ebenso wie *Solaris*) sehr anspruchsvollen SF-Film. Der Stalker, eine Art Fährtensucher, führt einen Professor und einen Schriftsteller durch eine verbotene Zone zu einem Zimmer, das für einen

›The Black Hole‹ (Das schwarze Loch, USA 1980) – Raumschiff ›Cygnus‹

Ort der Erkenntnis und der Erfüllung aller Wünsche steht. Der Film nach einer Erzählung der Gebrüder Arkadi und Boris Strugazki behandelt als verschlüsseltes Gleichnis die zentralen Fragen des menschlichen Daseins, des Glaubens und der Hoffnung.

Vermutlich wegen seines großen intellektuellen Gehalts fand der Film in Deutschland nur wenige Zuschauer (er wurde im Fernsehen ausgestrahlt).

An alten Mustern orientierte sich Regisseur Peter Hyams, der bereits mit *Capricorn One* (Unternehmen Capricorn, USA 1977) einen ungewöhnlichen SF-Thriller inszeniert hatte, mit seinem Film *Outland* (Outland – Planet der Verdammten, GB 1980). Die Grundkonstellation von Fred Zinnemans Western-Klassiker *High Noon* (Zwölf Uhr mittags, USA 1952, mit Gary Cooper in der Hauptrolle) wird dabei einfach in den Weltraum verlagert, wobei Sean Connery die Rolle des Weltraum-Marshalls spielt.

Zurück zu apokalyptischen Visionen fand Genre-Regisseur John Carpenter in *Escape from New York* (Die Klapperschlange, USA 1980) mit seinem bevorzugten Darsteller Kurt Russell in der Hauptrolle.

›Outland‹ (Outland – Planet der Verdammten, GB 1980) – Montone (James B. Sikking) und O'Niel (Sean Connery)

›Escape from New York‹ (Die Klapperschlange, USA 1980) – Harry Dean Stanton und Kurt Russell

Im Jahre 1997 ist Manhattan ein gigantisches Gefängnis mit drei Millionen Kriminellen, die ihre eigene Gesellschaft errichtet haben. Alle Verbindungen zur Außenwelt sind gekappt; um die Insel herum ist zur Bewachung eine Polizei-Armee stationiert. Als nun das Flugzeug mit dem US-Präsidenten an Bord ausgerechnet über Manhattan abstürzt, wird ein Mann, Snake Plissken (Kurt Russell), losgeschickt, der 24 Stunden Zeit hat, den Präsidenten aus diesem Hexenkessel herauszuholen.

1981 kam der Film *Heavy Metal* (Heavy Metal, Kanada 1981, Regie: Gerald Potterton) heraus, der insgesamt sechs Geschichten des gleichnamigen amerikanischen Comic-Magazins für Erwachsene, das 1977 in Anlehnung an das französische Vorbild »Metal Hurlant« erschien, präsentiert.

Die durch eine Rahmenhandlung verbundenen Episoden sind unterschiedlichster Qualität, welche von zeichnerischer Brillanz bis zu inhaltlicher Fragwürdigkeit reicht. Untermalt wurde der Zeichentrickfilm durch die Musik zahlreicher bekannter Hardrockgruppen.

Während Ende der 70er Jahre mit Filmen wie *The Fury* (Teufelskreis Alpha, USA 1978, Regie: Brian de Palma) oder *Scanners*

›Heavy Metal‹ (Heavy Metal, Kanada 1981)

(Scanners – Ihre Gedanken können töten, Kanada 1979, Regie:
David Cronenberg) parapsychologische Thriller in Mode gekommen waren, so erfreuten sich auch SF-»Benzin-Opern« wachsender Beliebtheit.

›Battletruck‹ (Der Kampfkoloß, Neuseeland 1981)

Filme wie *Mad Max* (Mad Max, Australien 1978, Regie: George Miller), *Battletruck* (Der Kampfkoloß, Neuseeland 1981, Regie: Harley Cokliss) oder *Mad Max II* (Mad Max – Der Vollstrecker, Australien 1981) haben stets die gleiche Ausgangssituation. Durch atomare Auseinandersetzungen oder große Ölkriege wird unsere heutige Zivilisation völlig ausradiert. In der Welt danach leben nur noch harte Kämpfer oder »ausgebrannte Einzelgänger« (wie Max), die allesamt eine neurotische Vorliebe für motorisierte Fahrzeuge besitzen. So gibt es in der Zeit nach dem »großen Krieg« immer wieder kleine Kriege um die noch verbliebenen Benzinvorräte. Für einige Liter des kostbaren Naß müssen da natürlich auch Menschenleben geopfert werden. So jagen dann die Helden in ihren Superschlitten durch die karge Post-Doomsday-Landschaft neuen Abenteuern entgegen.

Filme dieser Gattung bestehen als Orgien aus Blut und Schrott (die nebenher noch faschistoide Leitbilder transportieren) fast ausschließlich aus immer gewagteren Action-Stunts.

Ein besonders widerliches Produkt ist der von Ex-Stuntman

›Megaforce‹ (Megaforce, USA 1981)

Hal Needham inszenierte Film *Megaforce* (Megaforce, USA 1981). Die Phantasiearmee »Megaforce«, gleichzusetzen mit der amerikanischen Eingreiftruppe, tritt mit blitzenden Helden und genialer Waffentechnologie überall auf der Welt für Recht und Ordnung ein. Die Propaganda-Streifen des Kalten Krieges nehmen sich neben diesem Elaborat vergleichsweise harmlos aus.

Insgesamt muß festgestellt werden, daß das SF-Genre in den 80er Jahren bisher wenig Neues zu bieten hatte.

So drehte John Carpenter zuletzt ein Remake des SF-Klassikers *The Thing* und Ridley Scott läßt in seinem SF-Film *Blade Runner* (Der Blade Runner) in Anlehnung an die schwarze Serie und diverse Humphrey-Bogart-Filme einen Zukunftsdetektiv (Harrison Ford) durch neblige Straßen streifen.

Stephen Spielberg verblüffte und überraschte Publikum und Kritiker gleichermaßen mit seinem Film *E.T. – The Extra-Terre-*

strial (E.T. – Der Außerirdische, USA 1982), den er unter völliger Geheimhaltung herstellte. Die Geschichte eines kleinen, freundlichen ›alien‹, der auf der Erde landet, mit einem Jungen Freundschaft schließt und Abenteuer erlebt, ist ausgesprochen für das amerikanische Massenpublikum zugeschnitten und hat dieses auch im Sturm erobert. *E.T.* hat bis zum heutigen Tag einen absoluten Einspielrekord aufgestellt, den niemand vorauszusagen wagte. Besonders hervorzuheben ist bei diesem Film die Animation und Führung von E.T., den Carlo Rimbaldi entworfen hat und der in der Ausdrucksfähigkeit noch Yoda aus *The Empire Strikes Back* übertrifft. *E.T.* ist ein Film, der mitreißt, anrührt, einen zum Weinen und zum Lachen bringt, und spannend und tricktechnisch perfekt inszeniert ist.

Ein weiterer Erfolgsfilm von 1982 ist *Star Trek II: The Wrath of Khan* (Star Trek II: Der Zorn des Khan), der unter der Regie von Nicholas Meyer nicht nur die Star Trek-Fans auf der ganzen Welt begeistert. Während die erste Filmversion, *Star Trek – The Motion Picture,* eher als eine Enttäuschung zu bezeichnen war, wer-

›Blade Runner‹ (Aufstand der Anti-Menschen, USA 1981) – Harrison Ford den die SF-Fans durch den neuen Film voll und ganz entschädigt. Er ist straff inszeniert, gut photographiert, enthält einige atemberaubende »special effects« (von Industrial Light and Magic) und zeigt die alte Garde der Serienschauspieler, allen voran William Shatner als Admiral Kirk, in Topform. Der Film gewinnt nicht zuletzt durch die brillante Darstellung von Ricardo Montalban als Erzbösewicht Khan und die intelligenten Dialoge, die endlich mal wieder richtige Menschen und ihre Probleme auch in unserer Zukunft zeigen.

Walt Disney Productions haben 1982 ebenfalls einen neuen SF-Film herausgebracht: *TRON* (TRON). Wie nicht anders zu erwarten, greift das Studio mal wieder kräftig in die Trickkiste und beschreibt die Abenteuer eines Menschen, der in ein Videospiel gerät. Regie führte Steven Lisberger, der auch für das Drehbuch verantwortlich zeichnete. Ob dieser Film sich allerdings an die Erfolgswelle von *E.T.* und *Star Trek II* anhängen kann, ist zweifelhaft.

Es bleibt abzuwarten, ob dieses Jahrzehnt dem zeitgenössischen Science-Fiction-Film noch irgendwelche innovatorischen Neuerungen zu bieten haben wird.

Filmographie

Die folgende nach Jahreszahlen geordnete Filmographie beinhaltet die wichtigsten Vertreter des Science-Fiction-Films und erhebt keinen Anspruch auf Vollständigkeit. Angegeben sind jeweils der Originaltitel, der deutsche Verleihtitel, Herstellungsland und Produktionsjahr. Die Abkürzungen bei den Stabsangaben bedeuten:

R	Regie	M	Musik
B	Drehbuch	Sp	Spezialeffekte
LitV	Literarische Vorlage	D	Darsteller
K	Kamera		

Innerhalb eines Jahres sind die Filme alphabetisch geordnet.

1902

»Le Voyage dans la Lune« (F 1902)
R: Georges Méliès. B: Georges Méliès nach den Romanen »First Men in the Moon« von H. G. Wells und »De la Terre à la Lune« von Jules Verne. SP: Georges Méliès. D: Georges Méliès, Ballett des Théâtre du Châtelet, Artisten der Folies-Bergère.

1904

»Le Voyage à Travers l'Impossible« (F 1904)
R: Georges Méliès. B: Georges Méliès. SP: Georges Méliès. D: Georges Méliès.

1907

»20000 Lieues sous les Mers« (F 1907)
R: Georges Méliès. B: Georges Méliès nach dem Roman von Jules Verne (LitV). SP: Georges Méliès.

1912

»A la Conquê du Pole« (F 1912)
R: Georges Méliès. B: Georges Méliès. SP: Georges Méliès. D: Georges Méliès.

1914

»La Folie du Docteur Tube« (F 1914)
R: Abel Gance. K: L. H. Burel.

1916

»Homunculus« (D 1916) sechsteiliger Fortsetzungsfilm
R: Otto Rippert. B: Otto Rippert, Robert Reinert. K: Carl Hoffmann. D: Olaf Fonss, Friedrich Kühne, Maria Carmi.

1918

»Himmelskibet« (Das Himmelsschiff, Dänemark 1918)
R: Holger Madsen. B: Sophus Michaelis, Ole Olson nach dem Roman von Sophus Michaelis (LitV). K: Louis Larsen. D: Gunnar Tolnaes, Zanny Petersen, Lilly Jacobson, Alfred Blucheter.

1924

»Aelita« (Der Flug zum Mars, UdSSR 1924)
R: Jacow A. Protazanov. B: Fiodor Otsep, Alexei Faiko nach dem Roman von Alexej Tolstoi (LitV). K: Juri A. Scheljabuschski, Emil Schönemann. D: Nikolai M. Tseretelli, Julia Solnzewa, Igor Ilinski.

1925

»The Lost World« (Die verlorene Welt, USA 1923/25)
R: Harry O. Hoyt. B: Marion Fairfax nach dem Roman von Arthur Conan Doyle (LitV). K: Arthur Edison. SP: Willis H. O'Brien. D: Wallace Beery, Bessie Love, Lloyd Hughes, Lewis Stone, Arthur Hoyt, Finch Smiles.

1927

»Metropolis« (D 1925/27)
R: Fritz Lang. B: Thea von Harbou, Fritz Lang nach dem Roman von Thea von Harbou (LitV). K: Karl Freund, Günther Rittau. M: Gottfried Huppertz. SP: Eugen Schüfftan. D: Brigitte Helm, Alfred Abel, Gustav Fröhlich, Rudolf Klein-Rogge, Heinrich George, Fritz Rasp.

1929

»Die Frau im Mond« (D 1929)
R: Fritz Lang. B: Thea von Harbou, Fritz Lang nach dem Roman von Thea von Harbou (LitV). K: Kurt Courant, Oskar Fischinger, Otto Kanturek. SP: Konstantin Tschetwerikoff. D: Gerda Maurus, Willy Fritsch, Fritz Rasp, Klaus Pohl.

»High Treason« (GB 1929)
R: Maurice Elvey. B: L'Estrange Fawcett. M: Patrick K. Heale, Walter Collins. D: Benita Hume, Basil Gill, Jameson Thomas, Raymond Massey.

1930
»Just Imagine« (USA 1930)
R: David Butler. B: David Butler, R. Henderson, B. G. DeSylva, L. Brown. K: Ernest Palmer. D: El Brendel, Frank Abertson, Maureen O'Sullivan, John Garrick, Marjorie White, Mischa Auer.

1932
»Island of Lost Souls« (USA 1932)
R: Erle C. Kenton. B: Waldemar Young, Philip Wylie nach dem Roman »The Island of Dr. Moreau« von H.G. Wells (LitV). K: Karl Struss. D: Charles Laughton, Bela Lugosi, Richard Arlen, Kathleen Burke, Leila Hyams.

1933
»The Invisible Man« (Der Unsichtbare, USA 1933)
R: James Whale. B: R.C. Sherriff, Philip Wylie nach dem Roman von H.G. Wells (LitV). K: Arthur Edeson. M: Charles Previn. SP: Bob Laszlo. D: Claude Rains, Gloria Stuart, William Harrigan, Henry Travers, Una O'Connor.

»King Kong« (King Kong und die weiße Frau, USA 1933)
R: Ernest B. Schoedsack, Merian C. Cooper. B: James Creelman, Ruth Rose nach einer Story von Merian C. Cooper und Edgar Wallace. K: Edward Lindon, Vernon L. Walker, J.O. Taylor. M: Max Steiner. SP: Willis H. O'Brien. D: Fay Wray, Robert Armstrong, Frank Reicher, Bruce Cabot, Sam Hardy.

1936
»Flash Gordon« (USA 1936) 13teiliges Serial
R: Frederick Stephani. B: Frederick Stephani, George Plympton, Basil Dikey, Ella O'Neil nach der Comic-Strip-Serie von Alex Raymond. K: Jerry Ash, Richard Pryer. D: Larry »Buster« Crabbe, Jean Rogers, Charles Middleton, Priscilla Lawson, Frank Shannon.

»Things to Come« (GB 1936)
R: William Cameron Menzies. B: H.G. Wells nach seinem eigenen Roman. K: George Perinal. M: Arthur Bliss. SP: Ned Mann. D: Raymond Massey, Cedric Hardwicke, Margaretta Scott, Ralph Richardson, Edward Chapmann, Ann Todd.

»Undersea Kingdom« (Unga Khan – Der Herr von Atlantis, USA 1936) 12teiliges Serial

R:B. Reeves Eason, Joseph Kane. B: John Rathmell, Maurice Geraghty, Oliver Drake nach einer Story von Tracy Knight und John Rathmell. K: William Nobles, Edgar Lyons. M: Harry Grey. D: Ray »Crash« Corrigan, Lois Wilde, Monte Blue, William Farnum.

1937

»Lost Horizon« (In Fesseln von Shangri La, USA 1937)
R: Frank Capra. B: Robert Riskin nach dem Roman von James Hilton (LitV). K: Joseph Walker. M: Dimitri Tiomkin. SP: E. Roy Davidson, Ganhal Carson. D: Ronald Colman, Jane Wyatt, Edward Everett Horton, John Howard.

1938

»Flash Gordon's Trip to Mars« (USA 1938) 15teiliges Serial
R: Ford Beebe, Robert F. Hill. B: Ray Trampe, Norman S. Hall, Wyndham Gittens, Herbert Dolmas nach der Comic-Strip-Serie von Alex Raymond. K: Jerome Ash. D: Larry »Buster« Crabbe, Jean Rogers, Frank Shannon, Charles Middleton, Beatrice Roberts, Kane Richmond.

1939

»Buck Rogers« (USA 1939) 12teiliges Serial
R: Ford Beebe, Saul A. Goodkind. B: Norman S. Hall, Ray Trampe nach Romanen von P.F. Nowlan. K: Jerry Ash. D: Larry »Buster« Crabbe, Constance Moore, C. Montague Shaw, Jack Moran, Henry Brandon, Anthony Warde.

1940

»Dr. Cyclops« (Dr. Zyklop, USA 1940)
R: Ernest B. Schoedsack. B: Tom Kilpatrick. K: Henry Sharp, Winton C. Hoch. M: Ernest Toch, Gerard Carbonara, Albert Hay Malotte. D: Albert Dekker, Janice Logan, Thomas Coley, Charles Halton, Victor Kilian.

»Flash Gordon Conquers the Universe« (USA 1940) 12teiliges Serial
R: Ford Beebe, Ray Taylor. B: George H. Plympton, Basil Dikey, Barry Shipman. D: Larry »Buster« Crabbe, Anne Gwynne, Carol Hughes, Charles Middleton, Frank Shannon, Roland Drew.

1941

»Adventures of Captain Marvel« (USA 1941) 12teiliges Serial
R: William Witney, John English. B: Ronald Davidson, Norman S. Hall, Arch B. Heath, Joseph Poland, Sol Shor nach der Comic-Strip-Serie »Captain Marvel« von C.C. Beck. K: William Nobles. M: Cy Feuer. SP: Howard und Theodore Lydecker. D: Tom Tyler, Frank Coghlan Jr., William Benedict, Louise Currie, Robert Strange.

1950

»Destination Moon« (Endstation Mond, USA 1950)
R: Irving Pichel. B: Rip Van Ronkel, Robert A. Heinlein nach dem Roman »Rocketship Galileo« von Robert A. Heinlein (LitV). K: Lionel Lindon. M: Leith Stevens. SP: Lee Zavitz. D: John Archer, Warner Anderson, Tom Powers, Dick Wesson.

1951

»The Day the Earth Stood Still« (Der Tag, an dem die Erde stillstand, USA 1951)
R: Robert Wise. B: Edmund H. North nach der Erzählung »Farewell to the Master« von Harry Bates (LitV). K: Leo Torer. M: Bernard Herrmann. SP: Fred Sersen. D: Michael Rennie, Patricia Neal, Sam Jaffe, Hugh Marlowe, Billy Gray.

»Five« (Die letzten Fünf, USA 1951)
R: Arch Oboler. B: Arch Oboler. K: Louis Clyde Stoumen, Sid Lubow. D: Susan Douglas, William Phipps, James Anderson, Charles Lampkin, Earl Lee.

»The Thing« (Das Ding aus einer anderen Welt, USA 1951)
R: Christian Nyby (ohne Nennung: Howard Hawks).B: Charles Lederer nach der Erzählung »Who Goes There?« von John W. Campbell Jr. (LitV). K: Russell Harlan. M: Dimitri Tiomkin. SP: Donald Stewart. D: Kenneth Tobey, Margaret Sheridan, Robert Cornithwaite, Douglas Spencer, James Young, James Arness.

»When Worlds Collide« (Der jüngste Tag, USA 1951)
R: Rudolph Maté. B: Sidney Boehm nach dem Roman von Edwin Balmer und Philip Wylie (LitV). K: John F. Seitz, W. Howard Greene. M: Leith Stevens. SP: Gordon Jennings, Harry Burndollar. D: Richard Derr, Barbara Rush, John Hoyt, Mary Murphy, Laura Elliot, Stuart Whitman.

1952

»Invasion U.S.A.« (Invasion gegen USA, USA 1952)
R: Alfred E. Green. B: R. Smith nach einer Story von R. Smith und
Franz Spencer. K: John L. Russell. M: Albert Glaser. SP: Jack Rabin,
Rocky Cline. D: Dan O'Herlihy, Gerald Mohr, Peggie Castle, Robert
Bice, Phyllis Coates.

1953

»The Beast from 20 000 Fathoms« (Panik in New York, USA 1953)
R: Eugène Lourié. B: Lou Marheim, Fred Freiberger nach der Kurzge-
schichte »The Foghorn« von Ray Bradbury. K: Jack Russell. M: David
Buttolph. SP: Ray Harryhausen, Willis Cook. D: Paul Christian (Paul
Hubschmid), Paula Raymond, Kenneth Tobey, Lee Van Cleef, King
Donovan.

»The Creature from the Black Lagoon« (Der Schrecken vom Amazonas,
USA 1953)
R: Jack Arnold. B: Harry Essex, Arthur Ross nach einer Story von Mau-
rice Zimm. K: William E. Snyder. M: Joseph Gershenson. SP (K):
Charles S. Welbourne. D: Richard Carlson, Julie Adams, Richard Den-
ning, Whit Bissell, Nestor Paiva, Ricou Browning.

»Invaders from Mars« (Invasion vom Mars, USA 1953)
R: William Cameron Menzies. B: Richard Blake. K: John Seitz. M:
Raoul Kraushaar. SP: Jack Cosgrove. D: Helena Carter, Arthur Franz,
Jimmy Hunt, Leif Erickson, Hillary Brooke, Max Wagner.

»It Came from Outer Space« (Gefahr aus dem Weltall, USA 1953)
R: Jack Arnold. B: Harry Essex nach einem Entwurf von Ray Bradbury.
K: Clifford Stine. M: Herman Stein, Joseph Gershenson. SP: David S.
Horsley. D: Richard Carlson, Barbara Rush, Charles Drake, Russell
Johnson.

»War of the Worlds« (Kampf der Welten, USA 1953)
R: Byron Haskin. B: Barré Lyndon nach dem Roman von H.G. Wells
(LitV). K: George Barnes. M: Leith Stevens. SP: Gordon Jennings,
Wallace Kelley, Paul Lerpae, Ivyl Burks, Jan Domela, Irmin Roberts.
D: Gene Barry, Ann Robinson, Les Tremayne, Paul Frees, Jack Kru-
schen, Carolyn Jones, Cedric Hardwicke (Erzählstimme).

1954

»Gojira« (Godzilla, Japan 1954)
R: Inoshira Honda. B: Takeo Murata, Inoshira Honda nach einer Story von Shigeru Kayama. K: Masao Tamai. M: Akira Ifukube. SP: Eiji Tsuburaya, Akira Watanabe, Hiroshi Mukouyama, Kuichiro Kishida. D: Takashi Shimura, Momoko Kochi, Akira Takarada, Akihiko Hirata, Sachio Sakai, Fuyuki Murakami. Für die US-Fassung wurden zusätzliche Szenen gedreht.

»Them!« (Formicula, USA 1954)
R: Gordon Douglas. B: Ted Sherdemann, Russell Hughes nach einer Story von George Worthing Yates. K: Sid Hickox. M: Bronislaus Kaper. SP: Ralph Ayers. D: Edmund Gwenn, James Whitmore, James Arness, Joan Weldon, Onslow Stevens, Chris Drake.

1955

»It Came from Beneath the Sea« (USA 1955)
R: Robert Gordon. B: George Worthing Yates, Hal Smith nach einer Story von George Worthing Yates. K: Henry Freulich. M: Mischa Bakaleinikoff. SP: Ray Harryhausen, Jack Erickson. D: Kenneth Tobey, Faith Domergue, Donald Curtis, Ina Keith, Harry Lauter.

»The Quatermass Experiment« (Schock, GB 1955)
R: Val Guest. B: Richard Landau, Val Guest nach der BBC-Fernsehserie von Nigel Kneale. K: Walter Harvey. M: James Bernard. SP: Leslie Bowie. D: Brian Donlevy, Margia Dean, Jack Warner, Richard Wordsworth, David King Wood, Lionel Jeffries.

»This Island Earth« (Metaluna 4 antwortet nicht, USA 1955)
R: Joseph Newman (Jack Arnold). B: Franklin Coen, Edward G. O'Callaghan nach dem Roman von Raymond F. Jones (LitV). K: Clifford Stine. M: Herman Stein, Joseph Gershenson. SP: David S. Horsley. D: Jeff Morrow, Faith Domergue, Rex Reason, Lance Fuller, Russell Johnson, Robert Nichols.

1956

»Forbidden Planet« (Alarm im Weltall, USA 1956)
R: Fred McLeod Wilcox. B: Cyril Hume nach einer Story von Irving Block und Allen Adler. K: George Folsey. M (Toneffekte): Bebe u. Louis Barron. SP: A. Arnold Gillespie, Warren Newcombe, Irving G. Ries, Joshua Meador. D: Walter Pidgeon, Anne Francis, Leslie Nielsen,

Warren Stevens, Jack Kelly, Richard Anderson, Earl Holliman, James Drury, Bob Dix.

»Invasion of the Body Snatchers« (Die Dämonischen, USA 1956)
R: Don Siegel. B: Daniel Mainwaring nach dem Roman »The Body Snatchers« von Jack Finney (LitV). K: Ellsworth Fredricks. M: Carmen Dragon. SP: Milt Rice. D: Kevin McCarthy, Dana Wynter, Carolyn Jones, King Donovan, Larry Cates, Pat O'Malley.

»1984« (1984, GB 1956)
R: Michael Anderson. B: William P. Templeton, Ralph Bettinson nach dem Roman von George Orwell (LitV). K: C. Pennington Richards. M: Malcolm Arnold. SP: B. Langley, G. Blackwell, N. Warwick. D: Edmond O'Brien, Michael Redgrave, Jan Sterling, David Kossoff, Mervyn Johns, Donald Pleasence, Patrick Allen.

»Tarantula« (Tarantula, USA 1956)
R: Jack Arnold. B: Robert M. Fresco, Martin Berkeley, Jack Arnold. K: George Robinson. M: Henri Mancini. SP (K): Clifford Stine. D: John Agar, Mara Corday, Leo G. Carroll, Nestor Paiva, Ross Elliott.

1957
»Chikyu Boeigun« (Weltraum-Bestien/Phantom 7000, Japan 1957)
R: Inoshira Honda. B: Takeshi Kimura, S. Kayama nach einer Story von Jojiro Okami. K: Hajime Koizumi. M: Akira Ifukube. SP: Eiji Tsuburaya. D: Kenji Sawara, Yumi Shirakawa, Akihiko Hirata, Momoko Kochi.

»The Incredible Shrinking Man« (Die unglaubliche Geschichte des Mr. C, USA 1957)
R: Jack Arnold. B: Richard Matheson nach seinem Roman »The Shrinking Man«. K: Ellis W. Carter. M: F. Carling, E. Lawrence, Joseph Gershenson. SP(K): Clifford Stine. D: Grant Williams, Randy Stuart, April Kent, Paul Langton, Raymond Bailey, William Schallert, Frank Scannell.

»Quatermass II« (Feinde aus dem Nichts, GB 1957)
R: Val Guest. B: Nigel Kneale, Val Guest nach der BBC-Fernsehserie von Nigel Kneale. K: Gerald Gibbs. M: James Bernard. D: Brian Donlevy, Vera Day, Bryan Forbes, John Langdon, Sidney James.

»20 Million Miles to Earth« (Die Bestie aus dem Weltenraum, USA 1957)
R: Nathan Juran. B: Bob Williams, Christopher Knopf nach einer Story von Henry Slesar. K: Irving Lippman, Carlos Ventigmillia. M: Mischa Bakaleinikoff. SP: Ray Harryhausen. D: William Hopper, Joan Taylor, Frank Puglia, Thomas B. Henry.

1958

»The Blob« (Blob – Schrecken ohne Namen/Angriff aus dem Weltall, USA 1958)
R: Irving S. Yeaworth Jr. B: Theodore Simonson, Kate Phillips. K: Thomas Spalding. M: Ralph Carmichael. SP: Barton Sloane. D: Steve McQueen, Aneta Corseaut, Earl Rowe, Olin Howlin.

»The Fly« (Die Fliege, USA 1958)
R: Kurt Neumann. B: James Clavell nach einer Kurzgeschichte von George Langelaan (LitV). K: Karl Struss. M: Paul Sawtell. SP: L.B. Abbott. D: Al Hedison, Patricia Owens, Vincent Price, Herbert Marshall, Kathleen Freeman, Charles Herbert.

»The World, the Flesh and the Devil« (Die Welt, das Fleisch und der Teufel, USA 1958)
R: Ranald MacDougall. M: Ranald MacDougall nach dem Roman »The Purple Cloud« von M.P. Shiel (LitV). K: Harold J. Marzorati. M: Miklos Rosza. SP: Lee LeBlanc. D: Harry Belafonte, Inger Stevens, Mel Ferrer.

1959

»Journey to the Center of the Earth« (Die Reise zum Mittelpunkt der Erde, GB 1959)
R: Henry Levin. B. Walter Reisch, Charles Brackett nach dem Roman von Jules Verne (LitV). K: Leo Tover. M: Bernard Herrmann. SP: L.B.Abbott, James B. Gordon, Emil Kosa Jr., D: James Mason, Arlene Dahl, Pat Boone, Diane Baker, Thayer David, Peter Ronson.

»On the Beach« (Das letzte Ufer, USA 1959)
R: Stanley Kramer. B: John Paxton nach dem Roman von Nevil Shute (LitV). K: Giuseppe Rotunno. M: Ernest Gold. SP: Lee Zavitz. D: Gregory Peck, Ava Gardner, Fred Astaire, Anthony Perkins, Donna Anderson, Guy Doleman.

1960

»Mysterious Island« (Die geheimnisvolle Insel, GB 1960)
R: Cyril Endfield. B: John Prebble, Daniel Ullman, Crane Wilbur nach dem Roman von Jules Verne (LitV). K: Wilkie Cooper. M: Bernard Herrmann. SP: Ray Harryhausen, Egil Woxholt (Unterwasser-K). D: Michael Craig, Michael Callan, Gary Merrill, Herbert Lom, Joan Greenwood.

»The Time Machine« (Die Zeitmaschine, USA 1960)
R: George Pal. B: David Duncan nach dem Roman von H.G. Wells (LitV). K: Paul C. Vogel. M: Russell Garcia. SP: Gene Warren, Wah Chang. D: Rod Taylor, Alan Young, Yvette Mimieux, Sebastian Cabot, Whit Bissell.

1961

»The Damned« (Sie sind verdammt, GB 1961)
R: Joseph Losey. B: Evan Jones nach dem Roman »The Children of the Light« von H.L. Lawrence (LitV). K: Arthur Grant. M: James Bernard, John Hollingsworth. D: MacDonald Carey, Shirley Ann Field, Viveca Lindfors, Alexander Knox, Oliver Reed, Rachel Clay.

»The Day the Earth Caught Fire« (Der Tag, an dem die Erde Feuer fing, GB 1961)
R: Val Guest. B: Val Guest, Wolf Mankowitz. K: Harry Waxman. M: Stanley Black. SP: Les Bowie. D: Edward Judd, Janet Munro, Leo McKern, Michael Goodliffe, Reginald Beckwith.

»Master of the World« (Robur – der Herr der sieben Kontinente/Herr der Welt, USA 1961)
R: William Witney. B: Richard Matheson nach dem Roman »Robur le Conquérant« von Jules Verne (LitV). K: Gil Warrenton. M: Les Baxter, Albert Harris. SP: Tim Barr, Wah Chang, Gene Warren. D: Vincent Price, Charles Bronson, Henry Hull, David Frankham, Mary Webster, Richard Harrison.

1963

»Dr. Strangelove, or How I Learned to Stop Worrying and Love the Bomb« (Dr. Seltsam oder Wie ich lernte, die Bombe zu lieben, USA 1963)
R: Stanley Kubrick. B: Stanley Kubrick, Terry Southern, Peter George nach dem Roman »Red Alert« von Peter George (LitV). K: Gilbert Tay-

lor. SP: Wally Weevers. D: Peter Sellers, George C. Scott, Sterling Hayden, Keenan Wynn, Slim Pickens, Peter Bull, Tracy Reed, James Earl Jones.

1964

»First Men in the Moon« (Die erste Fahrt zum Mond, GB 1964)
R: Nathan Juran. B: Nigel Kneale, Jan Read nach dem Roman von H.G. Wells (LitV). K: Wilkie Cooper. M: Laurie Johnson. SP: Ray Harryhausen. D: Edward Judd, Martha Hyer, Lionel Jeffries, Miles Malleson, Peter Finch, Gladys Henson.

»Kaitei Gunkan« (U 2000 – Tauchfahrt des Grauens, Japan 1964)
R: Inoshiro Honda. B: Shinichi Sekizawa. K: Hajime Koizumi. SP: Eiji Tsuburaya. D: Tadao Takashima, Yu Fujiki, Yoko Fujiyama, Ken Uehara, Akemi Kita.

1965

»Alphaville – Une Etrange Aventure de Lemmy Caution« (Lemmy Caution gegen Alpha 60, Frankreich 1965)
R: Jean-Luc Godard. B: Jean-Luc Godard. K: Raoul Coutard. M: Paul Misraki. D: Eddie Constantine, Anna Karina, Akim Tamiroff, Howard Vernon, Laszlo Szabo.

»Fahrenheit 451« (Fahrenheit 451, GB 1965)
R: François Truffaut. B: François Truffaut, Jean-Louis Richard nach dem Roman von Ray Bradbury (LitV). K: Nicholas Roeg. M: Bernard Herrmann. SP: Charles Staffel, Les Bowie. D: Oskar Werner, Julie Christie, Cyrill Cusack, Anton Diffring, Bee Duffell.

1966

»Fantastic Voyage« (Die phantastische Reise, USA 1966)
R: Richard Fleischer. B: Harry Kleiner nach dem Roman von Isaac Asimow (LitV). K: Ernest Laszlo. M: Leonard Rosenman. SP: L.B. Abbott, Art Cruickshank, Emil Kosa Jr., D: Stephen Boyd, Raquel Welch, Edmond O'Brien, Donald Pleasence, Arthur O'Connell, William Redfield, Arthur Kennedy, Jean Del Val.

»The War Game« (GB 1966)
R: Peter Watkins. B: Peter Watkins. K: Peter Bartlett. D: Michael Aspel, Dick Graham (Erz.).

1967

»Barbarella« (Barbarella, Frankreich 1967)
R: Roger Vadim. B: Roger Vadim, Terra Southern, Claude Brule, Vittorio Bonicelli, Clement Biddle Wood, Brian Degas, Tudor Gates, Jean-Claude Forest nach dem Comic von Jean-Claude Forest. K: Claude Renoir. M: Maurice Jarre. SP: Auguste Lohman, Gerard Cogan. D: Jane Fonda, Anita Pallenberg, John Phillip Law, Ugo Tognazzi, Milo O'Shea, Claude Dauphin, David Hemmings, Marcel Marceau.

»Quatermass and the Pit« (Das grüne Blut der Dämonen, GB 1967)
R: Roy Ward Baker. B: Nigel Kneale nach der BBC-TV-Serie »The Quatermass Experiment«. K: Arthur Grant. M: Tristram Cary. SP: Les Bowie. D: James Donald, Andrew Keir, Barbara Shelley, Julien Glover, Duncan Lamont.

1968

»The Illustrated Man« (Der Tätowierte, USA 1968)
R: Jack Smight. B: Howard B. Kreitsek nach dem Buch von Ray Bradbury (LitV). K: Philip Lathrop. M: Jerry Goldsmith. SP: Ralph Webb. D: Rod Steiger, Claire Bloom, Robert Drivas, Don Dubbins, Tim Weldon.

»Planet of the Apes« (Planet der Affen, USA 1968)
R: Franklin J. Schaffner. B: Michael Wilson, Rod Serling nach dem Roman von Pierre Boulle. Kamera: Leon Shamroy. M: Jerry Goldsmith. SP: L.B. Abbott, Art Cruickshank, Emil Kosa Jr. D: Charlton Heston, Roddy McDowall, Kim Hunter, Maurice Evans, James Whitmore, James Daly.

»2001 – A Space Odyssey« (2001 – Odyssee im Weltraum, USA 1968)
R: Stanley Kubrick. B: Arthur C. Clarke, Stanley Kubrick nach der Story »The Sentinel« von Athur C. Clarke (LitV). K: Geoffrey Unsworth. M: John Strauß, Richard Strauss, György Ligeti, Aram Khatchaturian. SP: Wally Veevers, Douglas Trumbull, Con Pederson, Tom Howard. D: Keir Dullea, Gary Lockwood, William Sylvester, Daniel Richter, Douglas Rain, Leonard Rossiter.

1970

»THX 1138« (THX 1138, USA 1970)
R: George Lucas. B: George Lucas, Walter Murch. K: Dave Meyers, Albert Kihn. M: Lalo Schifrin. D: Robert Duvall, Donald Pleasence, Don Pedro Colley, Maggie McOmie, Ian Wolfe.

1971

»The Andromeda Strain« (Andromeda – Tödlicher Staub aus dem All, USA 1971)
R: Robert Wise. B: Nelson Gidding nach dem Roman von Michael Crichton (LitV). K: Richard H. Kline. M: Gil Mellé. SP: Douglas Trumbull, James Shout. D: Arthur Hill, David Wayne, James Olson, Kate Reid.

»A Clockwork Orange« (Uhrwerk Orange, GB 1971)
R: Stanley Kubrick. B: Stanley Kubrick nach dem Roman von Anthony Burgess (LitV). K: John Alcott. M: Walter Carlos u.a. D: Malcolm McDowell, Patrick Magee, Warren Clarke, Michael Bates, C. Francis.

»The Omega Man« (Der Omega-Mann, USA 1971)
R: Boris Sagal. B: John William, Joyce H. Corrington nach dem Roman »I Am Legend« von Richard Matheson. K: Russell Metty. M: Ron Grainer. D: Charlton Heston, Anthony Zerbe, Rosalind Cash, Paul Koslo, Lincoln Kilpatrick.

1972

»Silent Running« (Lautlos im Weltraum, USA 1971)
R: Douglas Trumbull. B: Deric Washburn, Mike Cimino, Steve Bochco nach einer Story von Douglas Trumbull. K: Charles F. Wheeler. M: Songs von Joan Baez (Peter Schickele). SP: Richard O. Helmer, James Rugg, Marlin Jones, Vernon Archer, R.L. Helmer, Douglas Trumbull, John Dykstra. D: Bruce Dern, Cliff Potts, Ron Rifkin, Jesse Vint.

»Solaris« (Solaris, UdSSR 1972)
R: Andrej Tarkowskij. B: Andrej Tarkowskij, Friedrich Gorenstein nach dem Roman von Stanislaw Lem (LitV). M: Eduard Arteniew. K: Vadim Yousov. D: Donatas Banionis, Natalia Bondartschuk, Juri Javet.

1973

»Dark Star« (Dark Star, USA 1973, TV-Titel: Finsterer Stern)
R: John Carpenter. B: John Carpenter, Dan O'Bannon. K: Douglas Knapp. M: John Carpenter. SP: Dan O'Bannon. D: Brian Narelle, Dre Pahich, Cal Kuniholm, Dan O'Bannon, Joe Saunders.

»Sleeper« (Der Schläfer, USA 1973)
R: Woody Allen. B: Woody Allen, Marshall Brickman. K: David M. Walsh. M: Woody Allen. SP: A.D. Flowers. D: Woody Allen, Diane Keaton, John Beck, Mary Gregory, Don Keefer.

»Soylent Green« (Jahr 2022 ...die überleben wollen, USA 1973)
R: Richard Fleischer. B: Stanley R. Greenberg nach dem Roman »Make Room! Make Room!« von Harry Harrison. K: Richard H. Kline. M: Fred Myrow. SP: A.J. Lohman. D: Charlton Heston, Edward G. Robinson, Leigh-Taylor Young, Chuck Connors, Joseph Cotten.

»Westworld« (Westworld, USA 1973)
R: Michael Crichton. B: Michael Crichton. K: Gene Polito. M: Fred Karlin. SP: Charles Schulthies. D: Yul Brynner, Richard Benjamin, James Brolin, Victoria Shaw.

1974
»Flesh Gordon« (Flesh Gordon, USA 1974)
R: Michael Benveniste, Howard Ziehm, Walter R. Cichy. B: Michael Benveniste, William Hunt. SP: Dave Allen, Jim Danforth, Jim Aupperle, George Barr, Joe Clark, Douglas Beswick, Ray Mercer, Bob Costa, Mike Hyatt, Dennis Muren, Russ Turner. D: Jason Williams, Suzanne Fields.

»Phase IV« (Phase IV, USA 1974)
R: Saul Bass. B: Mayo Simon. K: Dick Bush, Ken Middleton. M: Brian Gascoigne. SP: John Richardson. D: Nigel Davenport, Michael Murphy, Lynne Frederick, Alan Gifford.

»Zardoz« (Zardoz, USA 1974)
R: John Boorman. B: John Boorman. K: Geoffrey Unsworth. M: David Munrow. SP: Gerry Johnston. D: Sean Connery, Charlotte Rampling, Sara Kestelman, John Adlerton.

1975
»The Land that Time Forgot« (Caprona – das vergessene Land, GB 1975)
R: Kevin Connor. B: Michael Moorcock, James Cawthorne nach einem Roman von Edgar Rice Burroughs. K: Alan Hume. M: Douglas Gamley. D: Doug McClure, John McEnery, Susan Penhaligon, Keith Barron.

»The Man Who Fell to Earth« (Der Mann, der vom Himmel fiel, GB 1975)
R: Nicolas Roeg. B: Paul Mayersberg nach dem Roman von Walter Tevis (LitV). K: Anthony Richmond. M: John Phillips. D: David Bowie, Rip Torn, Candy Clark, Buck Henry.

»Rollerball« (Rollerball, USA 1975)
R: Norman Jewison. B: William Harrison. K: Douglas Slocombe. M: André Prévin. D: James Caan, John Houseman, Maud Adams, John Beck.

1976
»Logan's Run« (Flucht ins 23. Jahrhundert, USA 1976)
R: Michael Anderson. B: William F. Nolan, George Clayton Johnson nach ihrem Roman (LitV). M: Jerry Goldsmith. SP: Glen Robinson. D: Michael York, Jenny Agutter, Richard Jordan, Peter Ustinow, Farah Fawcett-Majors.

1977
»Capricorn One« (Unternehmen Capricorn, GB 1977)
R: Peter Hyams. B: Peter Hyams. K: Bill Butler. D: Elliott Gould, James Brolin, Karen Black, Brenda Vaccaro, Sam Waterston.

»Close Encounters of the Third Kind« (Unheimliche Begegnung der dritten Art, USA 1977)
R: Steven Spielberg. B: Steven Spielberg. K: Vilmos Zsigmond, William A. Fraker, Douglas Slocombe. M: John Williams. SP: Douglas Trumbull. D: Richard Dreyfuss, François Truffaut, Melinda Dillon.

»Damnation Alley« (Straße der Verdammnis, USA 1977)
R: Jack Smight. B: Alan Sharp, Lukas Heller nach dem Roman von Roger Zelazny (LitV). M: Jerry Goldsmith. K: Harry Stradling Jr. D: Jan-Michael Vincent, George Peppard, Dominique Sanda, Paul Winfield, Jacky Earle Haley.

»Star Wars« (Krieg der Sterne, USA 1977)
R: George Lucas. B: George Lucas. K: Gilbert Taylor. M: John Williams. SP: John Dykstra, John Stears. D: Mark Hamill, Harrison Ford, Carrie Fisher, Peter Cushing, Alec Guinness, Peter Mayhew, David Prowse.

»Wizards« (Die Welt in 10 Millionen Jahren, USA 1977)
R: Ralph Bakshi. B: Ralph Bakshi. K: Ted C. Bemiller. M: Andrew Belling. Zeichentrickfilm.

1978

»Quintet« (Quintett, USA 1978)
R: Robert Altman. B: Frank Barhydt, Robert Altman, Patricia Resnier.
K: Jean Boffety. M: Tom Pierson. D: Paul Newman, Vittorio Gassman,
Bibi Andersson, Fernando Rey, Brigitte Fossey.

»Superman – The Movie« (Superman – Der Film, USA 1978)
R: Richard Donner. B: Mario Puzo, David Newman, Leslie Newman,
Robert Benton, Tom Mankiewicz. K: Geoffrey Unsworth. M: John Wil-
liams. SP: Colin Chilvers. D: Christopher Reeves, Margot Kidder, Gene
Hackman, Valerie Perrine, Ned Beatty, Marc McClure, Marlon Brando,
Trevor Howard, Susannah York.

1979

»Alien« (Alien – das unheimliche Wesen aus einer fremden Welt, GB
1979)
R: Ridley Scott. B: Walter Hill, David Giler. K: Derek Vanlint. SP:
Brian Johnson. M: Jerry Goldsmith. D: Tom Skerrit, Sigourney Weaver,
Veronica Cartwright, Harry Dean Stanton, John Hurt, Jan Hom, Ya-
phet Kotto.

»The Empire Strikes Back« (Das Imperium schlägt zurück, USA 1979)
R: Irvin Kershner. B: Leigh Brackett, Lawrence Kasdan. K: Peter Su-
schitzky. M: John Williams. D: Mark Hammill, Harrison Ford, Carrie
Fisher, Billy Dee Williams, David Prowse.

»Star Trek – The Motion Picture« (Star Trek – Der Film, USA 1979)
R. Robert Wise. B: Harold Livingstone. K: Richard H. Kline. M: Jerry
Goldsmith. D: William Shatner, Leonhard Nimoy, DeForest Kelly,
James Doohan, Persis Khambatta.

1980

»Escape from New York« (Die Klapperschlange, USA 1980)
R: John Carpenter. B: John Carpenter, Nick Castle. K: Dean Cunday.
M: John Carpenter. SP: Dick Albain Jr. D: Kurt Russell, Lee Van Cleef,
Donald Pleasence, Ernest Borgnine, Adrienne Barbeau, Harry Dean
Stanton, Isaac Hayes.

»Outland« (Outland – Planet der Verdammten, GB 1980)
R: Peter Hyams. B: Peter Hyams. K: Stephen Goldblatt. M: Jerry
Goldsmith. D: Sean Connery, Peter Boyle, Frances Sternhagen, Clarke
Peters, James B. Sikking, Kika Markham.

»Stalker« (Der Stalker, UdSSR 1980)
R: Andrej Tarkowskij. B: Arkadi u. Boris Strugazki nach ihrer Erzählung. K: Aleksandr Knjashinskij, N. Fudim, S. Naugolnych. M: Eduard Artemjew. D: Alissa Frejndlich, Aleksandr Kajdanowskij, Anatolij Solonyzin, Nikolaj Grinko. Natasha Abramova.

1981

»Heavy Metal« (Heavy Metal, Kanada 1981)
R: Gerald Potterton. B: Dan Goldberg, Leon Blum nach Geschichten von Richard Corben, Angus McKie, Dan O'Bannon, Thomas Warkentin, Berni Whrightson. M: Elmar Bernstein, unter Verwendung der Kompositionen diverser Hardrock-Gruppen.

»Bladerunner« (Der Blade Runner – Aufstand der Anti-Menschen, USA 1981)
R: Ridley Scott. B: Hampton Fancher, David Peoples nach dem Roman »Do Androids Dream of Electric Sheep?« von Philip K. Dick. K: Jordan Cronenweth. M: Vangelis. SP: Douglas Trumbull. D: Harrison Ford, Rutger Hauer, Sean Young, Edward James Olmos, M. Emmet Walsh, Daryl Hannah.

1982

»E.T. – The Extra-Terrestrial« (E.T. – Der Außerirdische, USA 1982)
R: Steven Spielberg. B: Melissa Mathison. M: John Williams. SP: Carlo Rimbaldi. Produktion: Steven Spielberg & Kathleen Kennedy. D: Dee Wallace, Peter Coyote, Henry Thomas.

»Star Trek II: The Wrath of Khan« (Star Trek II: Der Zorn des Khan, USA 1982)
R: Nicholas Meyer. B: Jack B. Sowards, nach einer Story von Harve Bennett und Jack B. Sowards. K: Gayne Rescher, ASC. M: James Horner. Produktion: Robert Sallin. SP: ILM. D: William Shatner, Leonard Nimoy, DeForest Kelley, Ricardo Montalban, James Doohan, Walter Koenig, George Takei, Nichelle Nichols, Bibi Besch, Merritt Butrick, Paul Winfield, Kristie Alley.

»TRON« (TRON, USA 1982)
R: Steven Lisberger. B: Steven Lisberger, nach einer Story von Steven Lisberger & Bonnie MacBird. M: Wendy Carlos. Produktion: Donald Kushner. D: Jeff Bridges, Bruce Boxleitner, David Warner, Cindy Morgan, Barnard Hughes.

*Links: Raumschiff 1902;
aus dem Film ›La Voyage
dans la Lune‹ (Die Reise
zum Mond).*

*Rechts: Raumschiff 1980;
aus dem Film ›The Black
Hole‹ (Das schwarze Loch).*

Links: Raumfahrer 1950; aus dem Film ›Rocketship XM‹ (Rakete Mond startet).

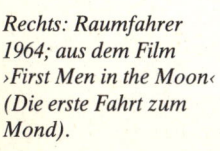

Rechts: Raumfahrer 1964; aus dem Film ›First Men in the Moon‹ (Die erste Fahrt zum Mond).

Bibliographie

Die Zusammenstellung erhebt keinen Anspruch auf Vollständigkeit.

Adrian, Werner: Freaks – Cinema of the Bizarre. London 1976.

Agel, Jerome: The Making of »2001«. New York 1970.

Annan, David: Ape – the Kingdom of Kong. London 1975.

Annan, David: Catastrophe – the End of the Cinema? London 1975.

Annan, David: Cinefantastique. Beyond the Dream Machine. London 1974.

Annan, David: Robot – the Mechanical Monster. London 1976.

Aylesworth, Thomas, G.: Monsters from the Movie. New York 1972.

Barbour, Alan G.: The Serial. 2 Bd. New York 1967 u. 1968.

Baxter, John: Science Fiction in the Cinema. New York u. London 1970.

Bayer, William: The Great Movies. New York u. London 1973.

Brosnan, John: Future Tense – the Cinema of Science Fiction. London 1978

Brosnan, John: The Horror People. London 1976.

Brosnan, John: Movie Magic. The Story of Special Effects in the Cinema. London 1974.

Edelson, Edward: Great Monsters of the Movies. New York 1973.

Frank, Alan: Sci-Fi Now. London 1978.

Giesen, Rolf: Der phantastische Film. 2 Bd. Schondorf 1980.

Giesen, Rolf: Science-Fiction. 50 Klassiker des SF-Kinos. Schondorf 1981.

Gifford, Denis: Movie Monsters. London u. New York 1969.

Gifford, Denis: Science Fiction Film. London u. New York 1971.

Harryhausen, Ray: Film Fantasy Scrapbook. London u. New York 1972.

Hauser, Frank: Science Fiction Films. In: International Film Annual, New York 1958, S. 87–90.

Hutchinson, Tom: Horror and Fantasy in the Cinema. London 1974.

Johnson, William (Hrsg.): Focus on the Science Fiction Film. N. J. 1972.

Jones, Jack R.: Fantasy Films and their Friends. Oklahoma City 1964.

Keller, Klaus: Der utopische Film. Aachen 1974.

Kyle, David: A Pictorial History of Science Fiction. London und New York 1976.

Menville, Douglas: A Historical and Critical Survey of the Science Fiction Film. Diss. Los Angeles 1959. Als Buchausgabe New York 1974.

Menvill, Douglas/Reginald, R.: Things to Come. An Illustrated History of the Science Fiction Film. New York 1977.

Naha, Ed: Horrors from Screen to Scream. London 1976.

Rovin, J.: A Pictorial History of Science Fiction Film. New York 1975.

Seeßlen, Georg: Kino des Utopischen. Reinbek 1980.

Steinbrunner, Chris/Goldblatt, Burt: Cinema of the Fantastic. New York 1972.

Strick, Philip: Science Fiction Movies. London 1976.

Warren, Val: Lost Lands, Mythical Kingdoms and Unknown Worlds. New York 1979.

Weiss, Ken/Ed Goodgold: ... to be Continued. New York 1972.

Willis, Donald C.: Horror and Science Fiction Films. A Checklist. Metuchen 1972.

Register

H

I

HEYNE FILMBIBLIOTHEK

In der Taschenbuch-Edition »Heyne Filmbibliothek« werden die großen unvergeßlichen Filmstars vorgestellt. Jeder Band gibt einen umfassenden Überblick über ihr Leben, ihr Wirken und ihre Filme, die eingehend beschrieben werden. Außerdem erscheinen in dieser Reihe auch Themenbände, die sich mit bestimmten Filmarten, wichtigen Epochen und Kategorien ausführlich beschäftigen.

Curtis F. Brown
Ingrid Bergman
(32/12 - DM 5,80)

Michael Kerbel
Paul Newman
(32/13 - DM 5,80)

James Juneau
Judy Garland
(32/14 - DM 5,80)

George Morris
Errol Flynn
(32/15 - DM 5,80)

Andrew Bergman
James Cagney
(32/16 - DM 5,80)

Adam Reilly
Harold Lloyd
(32/17 - DM 5,80)

Uwe Jens Schumann
Hans Albers
(32/18 - DM 6,80)

John Baxter
John Ford
(32/19 - DM 6,80)

Robert Chazal
Louis de Funès
(32/20 - DM 6,80)

Benichou/Pommier
Romy Schneider
(32/21 - DM 7,80)

John Gabree
**Der klassische
Gangster-Film**
(32/22 - DM 6,80)

Michel Lebrun
Woody Allen
(32/23 - DM 6,80)

Gregor Ball
Heinz Rühmann
(32/24 - DM 7,80)

René Jordan
Gary Cooper
(32/25 - DM 5,80)

Thomas Jeier
Jane Fonda
(32/26 - DM 6,80)

Peter Cornelsen
Helmut Käutner
(32/27 - DM 6,80)

Karin Wichmann
Hans Moser
(32/28 - DM 6,80)

Tony Thomas
Burt Lancaster
(32/29 - DM 5,80)

Gerald Peary
Rita Hayworth
(32/30 - DM 5,80)

François Guérif/
Stéphane Levy-Klein
Jean Paul Belmondo
(32/31 - DM 6,80)

Ludwig Maibohm
Fritz Lang
(32/32 - DM 8,80)

Joe Hembus
Charlie Chaplin
(32/34 - DM 4,80)

Michael Bavar
Mae West
(32/35 - DM 5,80)

Gregor Ball
Gert Fröbe
(32/37 - DM 8,80)

Claude Gauteur/
André Bernard
Jean Gabin
(32/38 - DM 6,80)

Robert Moss
**Der klassische
Horror-Film**
(32/39 - DM 6,80)

Roland Flamini
Vom Winde verweht
(32/40 - DM 9,80)

Stuart Kaminsky
John Huston
(32/41 - DM 9,80)

Leonard Maltin
**Der klassische
amerikanische
Zeichentrickfilm**
(32/42 - DM 14,80)

Preisänderungen
vorbehalten.

Wilhelm Heyne Verlag München